Andreas Mohr
Das verschenkte Kind

RHEIN
MOSEL
VERLAG

© 2016
9. Auflage 2025
RHEIN-MOSEL-VERLAG
Bundesbahnhof 1, 56859 Bullay / Mosel
Deutschland
Tel.: 06542 / 5151
E-Mail: rhein-mosel-verlag@t-online.de
www.rhein-mosel-verlag.de
Alle Rechte vorbehalten
ISBN 978-3-89801-354-3
Ausstattung: Stefanie Thur
Fotos aus dem Privatarchiv des Autors

Andreas Mohr

Das verschenkte Kind

Kindheit und Jugend eines Bauernjungen
in der Eifel (1939 – 1960)

RHEIN-MOSEL-VERLAG

Du hast doch drei Kinder

Eigentlich begann die Geschichte meiner Kindheit eineinhalb Jahre bevor ich auf die Welt kam. Zu diesem Zeitpunkt wurde mein Bruder Aloys Mohr am sechsten Januar 1939, als viertes Kind meiner Eltern Josef und Margareta Mohr, geboren. Als er sechs Wochen alt war, kam meine Mutter für längere Zeit ins Krankenhaus und mein Vater war mit vier Kindern, von null bis sieben Jahre, im Winter 1939 allein. Im Nachbarort Gillenfeld wohnten Verwandte; Cousinen und ein Vetter meiner Mutter. Es waren drei Schwestern, Anna, Maria und Katharina und ein Bruder, Josef Teusch. Katharina war verheiratet und lebte mit ihrem Mann Matthias Reinisch in dieser Großfamilie. Diese Ehe war kinderlos.

Die anderen Geschwister waren nicht verheiratet. Dieses Ehepaar und die drei Geschwister nahmen meinen Bruder als Sechswochenkind zu sich und versorgten den Säugling in hervorragender Weise. Dazu trug der Umstand, dass eine Cousine meiner Mutter (Tante Anna) Krankenpflegerin war, im positiven Sinne bei.

Als meine Mutter nach längerer Zeit aus dem Krankenhaus entlassen wurde, wollte sie den Säugling wieder heimholen, aber ihre Cousinen bedrängten meine Mutter, ihnen den Kleinen noch eine Zeit lang zu lassen. Sie argumentierten: »Du hast ja noch drei Kinder und wir haben keines.« So zog dieses Hin und Her, Kind zurück, Kind bleibt, sich über ein halbes Jahr und länger hin und meine Mutter wollte, aus Dankbarkeit gegenüber ihren Cousinen, auch nicht das Kind unter allen Umständen, notfalls energisch mit Gewalt, heimholen.

Eines Tages sagte meine Mutter: »Ihr könnt den Jungen behalten, aber nicht adoptieren, denn ich bin wieder schwanger.« Das war ich. Mein Vater wurde etwa Oktober 1939 zuerst zur Grundausbildung eingezogen und musste in den Zweiten Weltkrieg. Er war Ende des Jahres 1939 auf Heimaturlaub.

Meine Mutter mit meinen vier Geschwistern und mir als Säugling in Strohn

Ich werde geboren

Im September 1940 kam ich auf die Welt und meine Eltern hatten wieder vier Kinder daheim. Da mein Vater im Krieg war, hatte meine Mutter alle Hände voll zu tun, um die Landwirtschaft zu betreiben und die Familie zu ernähren. Sie wusste, dass mein Bruder in Gillenfeld bestens versorgt wurde und es ihm an nichts fehlen würde.

So war ich dann das jüngste von fünf Kindern und wurde von den älteren Geschwistern willkommen geheißen. Meine älteste Schwester Gerta war zu dem Zeitpunkt acht Jahre alt und sie hatte die Pflicht mich nach der Schule und an schulfreien Tagen zu versorgen. Dies wurde ihr von meiner Mutter als Pflichtaufgabe zugewiesen. Denn meine Mutter musste ja, dadurch, dass

Mein Bruder Aloys in Gillenfeld

Meine Eltern mit vier ihrer Kinder in Strohn (Aloys lebte zu dieser Zeit in Gillenfeld)

mein Vater im Krieg war, die Landwirtschaft in Feld und Wiese erledigen. Zusätzlich musste sie auch das Vieh versorgen. Und so war meine älteste Schwester für mich so etwas wie eine Ersatzmutter. Meine Schwester Gerta hat mir später oft von dieser Zeit und dieser Situation erzählt und mitgeteilt, dass sie, je älter ich wurde, diese Aufgabe der Versorgung des Kleinkindes, als sehr schön empfunden hatte. So lebte ich dann die ersten drei Lebensjahre wohlgeborgen in unserer Familie mit meinen Geschwistern und meiner Mutter glücklich zusammen.

Tante Käth mit Aloys
in Gillenfeld

Gerhard, Mutter, Aloys, Gerta, Agnes
in Strohn

Dem Drängen des Pastors nachgegeben

Am 13. September 1943 wurde ich drei Jahre alt, und es geschah etwas ganz Gravierendes, was das Leben meiner Mutter, meiner Geschwister und von mir ganz nachhaltig und schmerzlich verändern würde. Mein Bruder Aloys, welcher von der sechsten Woche an bei Cousinen und Vettern meiner Mutter im Nachbarort lebte, starb ganz plötzlich an Wundstarrkrampf. Die einzige Erinnerung, die ich noch daran habe, ist die Beerdigung meines Bruders; ich habe eine Blume in sein Grab geworfen. Meine Tanten und Onkel im Nachbarort haben mir später sehr oft von dem schrecklichen Sterbefall meines Bruders erzählt. Die Trauer und der Schmerz wegen des Verlustes des fünfjährigen Aloys war bei den Tanten und Onkel unermesslich. Einige Tage nach diesen Ereignissen kamen zwei meiner Tanten zu meiner Mutter und hatten folgende Bitte: »Gib uns den dreijährigen Jungen (also mich), mit zu uns nach Hause, als Ersatz für den verstorbenen Bruder Aloys. Wenn auch nur für eine kurze Zeit, damit wir die Trauer um den verstorbenen Jungen besser verwinden können.« Mit dem Zusatz, es geht dem Kleinen bei uns sehr

Pastor Meiser
aus Strohn

Onkel Josef aus Berlin
(2. von links)

9

gut und es wird ihm an nichts fehlen. Meine Mutter kam dem Wunsch nicht nach: »Nein, der Kleine bleibt bei mir, bei uns.« Mein Vater war zu dem Zeitpunkt in Russland vermisst und konnte nicht entscheiden.

Kurze Zeit später kam der Bruder meiner Mutter (Josef Zillgen) aus Berlin zu Besuch und er unterstützte seine Cousinen aus dem Nachbarort, bei ihrem Wunsch mich als Nachfolger von Aloys zu bekommen. Auch hier gab meine Mutter nicht nach. Aber es ging jetzt in eine andere Richtung. Tante Anna war als Caritas-Landkrankenpflegerin auch für meinen Heimatort zuständig. Sie hatte zwangsläufig auch eine gute Verbindung zu dem katholischen Pastor meines Heimatdorfes. Sie berichtete dem Pastor

Ich als Säugling auf dem Arm meiner Schwester Gerta und Gerhard mit Cousin und Cousinen

10

von dem Wunsch, mich in ihrer Familie nach Gillenfeld aufzunehmen und dass meine Mutter sich weigerte, mich herzugeben.

Der Pastor hatte Verständnis für ihr Anliegen und versprach, zu vermitteln. Aus diesem Anlass kam er dann zu meiner Mutter und machte ihr klar, dass sie mich doch hergeben sollte. Sie wäre ihren Cousinen gegenüber aus Dankbarkeit verpflichtet und es wäre dann auch möglich, dass ihre Cousinen durch meine Anwesenheit in ihrer Familie die Trauer um den verstorbenen Aloys besser verkraften können. Zu damaliger Zeit war das Wort eines Pastors schon fast ein Gesetz und meine Mutter gab dem Wunsch des Pastors nach und war schweren Herzens bereit mich herzugeben.

Ich, im Alter von 5 Jahren in Gillenfeld

Gerta und Gerhard in Strohn

Meine Mutter Margareta vor der Heirat *Meine Eltern bei ihrer Hochzeit in Strohn, Mai 1931*

Links die Schwester meines Vaters mit ihren drei Kindern
Mitte und rechts: meine Eltern, ich, Gerhard und Gerta

Mein »Onkel-Tanten-Haus«

Meine Mutter hat mir später oft davon erzählt und ich merkte ganz deutlich, dass sie immer noch im Zwiespalt war, wegen ihrer Zusage, mich wegzugeben. Dann ging alles sehr schnell. Kaum hatte meine Mutter zugesagt, wurde ich auch schon abgeholt. Der Bruder meiner Mutter, Onkel Josef aus Berlin, und Tante Anna, die Krankenpflegerin, packten mich morgens in einen Sportkinderwagen, deckten mich gut zu und brachten mich nach Gillenfeld. Meine Tante Anna hat mir später erzählt, es war ein Herbsttag Ende September/Oktober 1943 mit sehr viel Regen und Sturm. Ich war ganz zugepackt mit Decken. Meine Tante sagte dann auf halbem Wege: »Wir müssen mal nach dem Kleinen gucken, ob er überhaupt noch lebt.« Daran habe ich natürlich keine Erinnerung mehr. Aber an einen kurzen Moment an diesem Tag kann ich mich doch noch erinnern. Als ich in Gillenfeld ins Haus kam, konnte ich gerade so über den Tisch schauen. Ich fragte wortwörtlich: »Bekomm ich denn hier kein Butterbrot?« Dies war der erste Satz in meiner neuen Heimat und alle lachten. Von jetzt an bis zu einem späteren Zeitpunkt, von dem ich noch besonders berichte, habe ich alles nur vom Erzählen meiner Tanten und meines Onkels. Als ich dann angekommen war, schaute ich mich um, nach dem Motto: Wer ist denn alles hier in dem Haus?

Es waren drei Tanten: Anna, Maria, Katharina und zwei Onkel: Josef und Matthias. Ganz fremd waren die fünf für mich nicht. Sie waren schon mal in Strohn, wo ich als Kleinkind war, zu Besuch und ich war mit meiner Mutter auch hin und wieder in Gillenfeld bei Anlässen wie Weihnachten oder Kirchweihfest. Ich hatte mich dann immer sehr wohlgefühlt, denn wir waren als Besuch sehr willkommen und wurden gut versorgt. Dabei muss ich jetzt erwähnen, dass dieses Onkel- und Tantenhaus, wie ich es später immer wieder nannte, ein überaus gastfreundliches und zugängliches Haus war. Dies kam auch daher, dass Tante Anna Landkrankenpflegerin war und Onkel Matthias Zimmermeister, welcher zu der Zeit alle Zimmerarbeiten im Dorf und in den umliegenden Dörfern erbrachte.

Tante Anna als Krankenpflegerin war eine sehr gefragte Person und für alle Krankheiten vom Säugling bis ins hohe Alter zuständig. Es war zwar auch ein Arzt in Gillenfeld, aber da nur eine Minderheit der Leute eine Krankenversicherung hatte, kamen alle zu Tante Anna. Dies war natürlich kostenlos und die Leute konnten sich im Dialekt unterhalten und ihre Beschwerden so viel besser schildern. Tante Anna beruhigte die Menschen erst einmal. Sie fragte nach dem Allgemeinzustand, Essen und Trinken, kein Fieber. Mit guten Ratschlägen und dem Hinweis, dies und jenes Hausmittel anzuwenden, sich notfalls in der Apotheke

Tante Maja, Bruder Aloys, Tante Käth

14

ein rezeptfreies Mittel zu kaufen, gingen die Kranken dann wieder heim und wurden fast alle wieder gesund. Nur in ganz seltenen Fällen sagte Tante Anna: »Geh zum Arzt.« Das war dann schon dramatisch. Wenn jemand nicht zu ihr kommen konnte, machte sie natürlich Hausbesuche, auch in Nachbarorte, alles zu Fuß. Bei Pflegefällen in der Familie war sie Tag und Nacht und auch an Wochenenden und abends immer zur Stelle. Sie begleitete auch die Sterbenden in ihrer letzten Stunde, sehr zur Erleichterung der Angehörigen.

Onkel Matthias, der auch noch mein Taufpate war und den ich immer mit dem Namen »Pat«, das heißt »Taufpate« ansprach, hatte als Zimmermeister auch oft Besuch, wenn es um einen Neubau oder eine Renovierung ging. Er besprach dann die Einzelheiten des Bauvorhabens. Aus dieser Sicht betrachtet, war das Haus meiner Pflegefamilie ein Haus der offenen Tür für alle Leute und für mich als kleiner Junge, und auch später als Heranwachsender, war dies äußerst interessant und lehrreich. Inzwischen lernte ich, auf diesem Wege, viele Leute aus dem fremden Dorf kennen.

Dann war da auch noch mein Onkel Josef im Haus, er war der Älteste, nicht verheiratet, Jahrgang 1888. Er war ein überaus gutmütiger Mensch mit sehr viel Ruhe und einer Engelsgeduld. Sein Aufgabengebiet war die Versorgung der Kühe und Rinder. Die Glankühe waren zum Anspannen und Arbeiten im Feld und gleichzeitig zur Milchgewinnung. Das sogenannte »Fuhrwerken« mit den Kühen, pflügen, eggen und säen, war in der Hauptsache die Arbeit von Onkel Josef.

Eine meiner schönsten Kindheitserinnerungen war Folgendes: Abends, nach dem Abendessen, saß Onkel Josef auf der Holzbank hinter dem Tisch. Ich lag auf der Bank und hatte meinen Kopf auf dem Schoß von Onkel Josef. Er hatte die Angewohnheit, immer, wenn er irgendwo saß, mit einem Bein zu wippen. Dieses leichte Wippen und gleichzeitig sein Rauchen mit der Pfeife und sein Erzählen waren für mich das Schönste und Wohltuendste, was es zu dieser Zeit überhaupt gab. Ich war dann in einer Art Halbschlaf und hätte die ganze Nacht so zugebracht. Doch oft schon zu später Stunde, hieß es dann: »Sofort ins Bett.« Das war für mich, als wäre ich aus einem Traum erwacht.

Tante Anna war sehr resolut und bestimmend und wenn sie im Haus war, musste ich abends immer früh schlafen gehen und durfte nicht auf der Bank liegen und träumen. Onkel Josef sagte dann immer: »Nun lass das Jüngelchen doch noch ein bisschen auf der Bank.« Er war so gutmütig und gönnte mir den Spaß. Aber gegen seine Schwester Anna kam er nicht an und ich musste dann schleunigst ins Bett.

Die vierte Person im Haus war Tante Maria. Ich nannte sie von Anfang an »Maja«. Sie war für das Melken der Kühe und für den Garten zuständig und alle anderen anfallenden Arbeiten im Haus und auf dem Feld. Sie war 1889 geboren, unverheiratet und eine gute Seele. Wenn ich draußen war, mit anderen Kindern aus der Nachbarschaft, und plötzlich Hunger hatte, zum Beispiel um halb zwölf, kurz vor dem Mittagessen, wies mich Tante Anna immer ab, mit dem Hinweis: »Gleich gibt es Mittagessen.« Plötzlich kam Maja dann mit einem Butterbrot unter der Schürze versteckt zu mir und sagte: »Nun iss' schnell, ehe es Tante Anna sieht.« Dafür bin ich ihr immer noch dankbar.

Die Jüngste von den Fünf war Tante Käth: Katharina. Sie war die Schwester von Josef, Anna und Maja. Verheiratet war sie mit Onkel Matthias, meinem Pat. Die Ehe war kinderlos und darunter hat sie schwer gelitten. Sie war für die Haltung und das Füttern der Schweine zuständig, Kälber tränken, auch Kühe melken, Garten, Feld und Wiesen. Da ja noch kein Telefon vorhanden war, wurden sehr viele Briefe und Postkarten geschrieben. Tante Käth pflegte die Korrespondenz zu allen Verwandten. Wenn ich mich recht erinnere, schrieb sie jede Woche einen Brief oder eine Postkarte. Sie schrieb noch die alte deutsche Schrift, die ich nicht lesen konnte. Weil ich aber wissen wollte, was sie schrieb, las sie mir dann den Text vor. Es begann immer mit »Ihr Lieben«, »Viele Grüße aus Gillenfeld, wie geht es Euch, seid Ihr noch gesund?« Dann folgte das Aktuelle aus der Familie. Oft nannte sie auch mich mit dem Satz: »Das Jüngelchen fügt sich ganz gut, wir sind sehr froh mit ihm.« Wenn ich das hörte, wurde ich immer rot im Gesicht. Ich freute mich und war trotzdem verlegen.

Tante Käth in Gillenfeld

Die Angst vor dem alleine Schlafen

Ich musste am ersten Abend meiner Umsiedlung alleine schlafen gehen. Es fühlte sich grausam an und ich schrie ohne Pause nach der Mutter und meinen Geschwistern.

Zu Hause in Strohn ging ich abends immer gemeinsam mit meinen Schwestern und meinem Bruder zu Bett. Wir schliefen dann in einem Zimmer und da hatte ich keine Angst, denn ich fühlte mich in dieser Gemeinschaft wohlgeborgen.

In meinem neuen Zuhause in Gillenfeld musste ich von einem Tag auf den anderen, als dreijähriges Kind alleine, in einem stockdunklen Zimmer, schlafen.

Durch mein Schreien aufmerksam geworden, kamen meine Tanten zu mir ins Schlafzimmer, um nach dem Grund meines Schreiens zu fragen. Meine Antwort auf die Frage: »Warum schreist du so furchtbar?« war immer nur: »Mutter, Agnes, Gerta.« Ich hatte Heimweh und konnte nicht verstehen, warum sie nicht zu mir kamen, obwohl mir immer gesagt wurde: »Morgen kommen deine Mutter und Geschwister« oder »Wir gehen nach Strohn«, aber Mutter und Gerta kamen nicht, und wir gingen auch nicht nach Strohn.

Es war alles nur Beschwichtigung und Taktik, um mich zu beruhigen. In Wirklichkeit durften meine Mutter und Geschwister nicht zu mir kommen, weil ja sonst der Trennungsschmerz nie geendet und die Eingewöhnung in dem neuen Zuhause nie stattgefunden hätte.

Dann kam der furchtbare Satz, den ich später noch öfter hörte: »Wenn er sich müde geschrien hat, schläft er ein.«

Eine der Tanten blieb dann bei mir, weil man doch merkte, alles ist fremd und dunkel, das kann ein dreijähriges Kind einfach nicht aushalten. Irgendwann schlief ich dann doch ein und am nächsten Morgen schien alles vergessen.

Man hat versucht, mich mit allen möglichen Annehmlichkeiten abzulenken. Ich hatte ein außerordentlich schönes Kinderbett mit Matratze, was damals schon sehr ungewöhnlich war. Auch das Essen und alles drum herum waren sehr gut und sollten mich fröhlich stimmen. Die Tanten waren sehr enttäuscht, dass ich das nicht so gewertet habe und haben mir immer wieder vorgehalten, wie glücklich doch mein Vorgänger, der verstorbene Bruder Aloys, bei den Tanten und beim Onkel im Haus Teuschen war. Dabei wurde nicht bedacht, dass mein Bruder Aloys als Sechswochenkind nach Gillenfeld kam und deshalb nicht diesen Trennungsschmerz hatte wie ich.

Aber der nächste Abend kam wieder auf mich zu und das gleiche Drama wiederholte sich. So musste jeden Abend eine Tante mit mir schlafen gehen um mich zu beruhigen.

In dem Zimmer war ein großes Bett, in welchem eine der Tanten schlief.

Ich fragte dann immer wieder: »Bist du noch da?« und wenn ich Antwort bekam, war ich doch einigermaßen beruhigt.

Ich hatte zwar nicht meine Geschwister bei mir, aber die Anwesenheit von Tante Maja war doch sehr beruhigend.

Diese Angst, abends alleine schlafen zu gehen, hielt jahrelang bis zum Alter von 8 – 9 Jahren an und keiner im Haus konnte es verstehen.

»Was bist du nur für ein Angsthase !«, sagten sie zu mir.

Mit zunehmendem Alter war mir die Angelegenheit peinlich und ich schämte mich, wenn darüber geredet wurde. Im Alter von etwa 11 Jahren löste sich das Problem allmählich von allein.

Wir hatten ja immer ein Haus voller Menschen: Tanten, Onkel und später, als ich selbst Familie hatte, meine Ehefrau und die Kinder.

Nun mit Ende siebzig kommt ein seltsames Problem auf mich zu: Wenn ich alleine im Haus bin weil meine Frau im Krankenhaus oder in der Reha ist und es abends dunkel wird entsteht wieder das gleiche Gefühl der Angst, das ich als dreijähriges Kind schon hatte.

Dann mache ich alle Lampen an und alle Türen zu und rede mit mir selbst: »Du brauchst keine Angst zu haben.«

Ist nun die halbe Nacht vorbei und der Morgen graut, vergehen meine Ängste.

Sobald wieder jemand im Haus ist, ist alles wieder gut.

Bettnässer muss man prügeln

Ich begann auch ab dem ersten Tag, nachts einzunässen und tagsüber war ich auch nicht immer trocken. Ich bin meinen Tanten bis heute noch dankbar, dass sie diese unangenehme Angelegenheit hingenommen und mich deswegen nicht beschimpft oder anderweitig bestraft haben. Ich bekam auch keine Prügel, wie manche Kinder in anderen Familien.

Eine ziemlich schlimme Begebenheit, bezüglich Bettnässen, habe ich noch ganz fest in Erinnerung. Eine Nachbarsfrau war bei uns im Haus und Tante Anna erzählte ihr von meinem Problem »Bettnässen«. Ich höre heute noch die Nachbarsfrau sagen, wortwörtlich: »Ihr müsst ihn mal gut prügeln, dann hört das auf.« Als ich das hörte, bekam ich schreckliche Angst und wusste nicht mehr ein noch aus. Aber meine Tanten schüttelten den Kopf, was nein bedeutete, und als die Nachbarin weg war, hieß es: »Du brauchst keine Angst zu haben, du bekommst keine Prügel.«

Tante Anna war dann doch weiterhin in Sorge, wegen dieser Geschichte und befragte noch die Ärzte, welche sie aufgrund ihrer Tätigkeit als Krankenschwester kannte. Keiner hatte eine Erklärung dafür und es war keine Abhilfe möglich. Es wurde zu dieser Zeit immer nur an das leibliche Wohl gedacht. Die Seele eines Kindes wurde nicht beachtet.

Mit Gewalt zurückgebracht

So ging die Zeit vorüber, die ich selber so gar nicht nachvollziehen kann. Ich verdrängte die Erinnerung an Mutter und Geschwister mehr und mehr, bis zu folgendem einschneidenden Ereignis. Irgendwann, etwa Oktober, November 1943 oder auch später, fuhr ich mit meinen Onkel und Tanten ins Feld, also zur Arbeit ins Rübenfeld. Wie der Zufall es will, waren 100 bis 150 Meter entfernt meine Mutter und Geschwister in derselben Flur, weil die Gemarkung Gillenfeld (Etzerath) direkt an die Gemarkung Strohn grenzt.

Meine Mutter hatte eine sehr laute Stimme und ich erkannte sie sofort, als sie mit meinen Geschwistern redete. Ich sagte meinen Tanten und Onkel: »Das ist meine Mutter.«

Gerta, ich, Agnes und Gerhard in Strohn

»Nein«, antworteten die Tanten und Onkel: »Das ist nicht deine Mutter, nein, nein, das ist eine Frau aus einem anderen Dorf.« Aber ich ließ mich nicht beirren und behauptete weiter: »Das ist meine Mutter«, fand aber kein Gehör. Dann lief ich ohne Ankündigung querfeldein zu meiner Mutter und meinen Geschwistern, so schnell ich konnte. Meine Tanten riefen, sehr erschrocken über meinen Fluchtversuch: »Bleib hier, bleib hier«. Tante Maja lief mir nach, um mich festzuhalten, aber ich war schneller.

Als ich bei Mutter ankam, nahm sie mich auf den Arm und weinte fürchterlich. Auch meine Geschwister waren froh, dass ich wieder bei ihnen war. Ich fuhr dann abends mit nach Strohn und war wieder zu Hause. Aber ich hatte mich zu früh gefreut. Am nächsten Morgen kam mein Pat Onkel Matthias mit dem Fahrrad, um mich wieder abzuholen.

Er hatte auf die Fahrradlenkstange einen Kindersitz montiert und deswegen, so meinte er, würde ich lieber mitfahren. Aber dem war nicht so, der Kindersattel interessierte mich in keiner Weise. Im Gegenteil, ich lief die Treppe rauf ins Schlafzimmer, um mich zu verstecken, denn ich wollte daheimbleiben. Dann rief ich lauthals: »Ich will hier in Strohn bleiben und lieber auf dem Boden schlafen und trockenes Brot essen, als in Gillenfeld im Himmelbett zu schlafen und den ganzen Tag Kuchen essen.« Ich warf mich auf den Boden und wollte nicht mehr aufstehen. Aber mein Protest war erfolglos. Mein Pat nahm mich und setzte mich mit Gewalt auf den Kindersattel. Irgendjemand hielt das Fahrrad und mein Pat band mich mit einem Strick fest. Meine Mutter kam nicht dazu. Sie konnte nicht dabei sein. Und dann ging es in schneller Fahrt nach Gillenfeld. Diese Geschichte habe ich, genauso wie die Drohung der Nachbarsfrau mit dem Prügeln, noch ganz genau in Erinnerung.

Trennungsschmerz der Schwester

Meine Schwester Gerta ist im Jahre 2013 verstorben. In den letzten Jahren ihres Lebens haben wir uns öfter über das Problem meiner Kindheit unterhalten. Sie hatte vorher nie mit mir darüber gesprochen, auch nicht mit ihren Kindern. Sie hatte mich ja in den ersten drei Jahren die meiste Zeit versorgt. Als ich dann plötzlich nicht mehr da war – sie war zu dem Zeitpunkt elfeinhalb Jahre alt – wurde sie furchtbar traurig. Bedingt durch ihr schon reiferes Alter, empfand sie den Trennungsschmerz ganz anders und intensiver, als ich mit meinen drei Jahren. Sie wusste, dass ich ziemlich sicher nicht mehr nach Strohn zurückkam und sie mich die ersten Monate auch nicht sehen dürfte. Das Problem beherrschte ihr Gemütsleben Tag und Nacht. Ich fehlte ihr überall. Der einzige Trost war, dass ich noch am Leben war. Sie machte meiner Mutter Vorwürfe wegen meiner Weggabe nach Gillenfeld, obwohl sie genau wusste, dass meine Mutter genauso empfand wie sie.

Was ich jetzt berichte, hört sich furchtbar an, aber ich glaube, es sollte doch berichtet werden. Gerta wurde zunehmend sehr böse auf die Menschen, welche meinen Weggang befürwortet hatten. Ihre Wut und ihre Verzweiflung wurden so stark, dass sie allen, welche sich dafür stark gemacht hatten, dass ich nach Gillenfeld gebracht wurde, den Tod wünschte. An dieser Tatsache kann man erkennen, wie ausweglos sie die Situation empfand. Erst als sie mich nach einigen Monaten in Gillenfeld besuchen durfte, ließ die Spannung nach. Es ist bezeichnend für den Zeitgeist zu damaliger und auch früherer Zeit, dass man sich gar keine Gedanken machte über die Familie, vor allen Dingen, die Geschwister, wenn ein Kind weggegeben wurde.

Von diesem Zeitpunkt an bis zum Alter von sechs Jahren habe ich kaum persönliche Erinnerungen. Jetzt war wieder eine Zeit lang Besuchsverbot für meine Mutter und Geschwister, und wenn wir aufs Feld fuhren, wurde peinlich darauf geachtet, dass wir uns nicht gegenseitig begegneten. So habe ich mich nach und nach an meine Tanten und Onkel gewöhnt und mein Elternhaus verdrängt. Außerordentlich förderlich dafür war, dass es mir im Haus Teuschen sehr gut ging und ich sozusagen der Mittelpunkt der Großfamilie war. Alle Leute, die ins Haus kamen, schauten mich an und sagten oft Aloys zu mir, den Namen meines verstorbenen Bruders. Irgendwann, ich weiß nicht mehr zu welchem Zeitpunkt, kamen meine Mutter und meine Geschwister wieder nach Gillenfeld und ich nach Strohn zu Besuch und es gab kein Heimweh mehr.

Meine Schwester Agnes hat mir erst im Alter von 80 Jahren folgendes erzählt: Als sie mit meiner Mutter zum ersten mal nach Gillenfeld kam, um mich zu besuchen – sie war zu dem Zeitpunkt sieben Jahre alt – hatte sie eine genaue Vorstellung, wie das erste Wiedersehen mit mir nach langer Zeit ablaufen würde. Sie dachte, ich käme voller Freude auf meine Mutter und Agnes zugelaufen, würde beide umarmen und wäre außer mir vor Wiedersehensfreude. Aber es war ganz anders, ich verhielt mich sehr passiv und zeigte keinerlei Zuneigung. Ich kannte beide wohl, sie waren mir aber auch fremd. Auch beim Kaffee trinken und Kuchen essen bin ich weiterhin sehr reserviert gewesen.

Als Mutter und Agnes heimgingen, nach Strohn, sagte Agnes zu unserer Mutter ganz entsetzt und traurig: »Das ist ja ein ganz anderer Andreas wie vorher und warum war er so unfreundlich?«

Heute, 73 Jahre später, weiß sie natürlich, das mein passives Verhalten nichts mit Boshaftigkeit zu tun hatte.

Eine leidvolle Erfahrung

In meiner Zeit in Gillenfeld gab es sehr häufig die Situation, dass ich mich nicht so betragen habe, wie ich mich benehmen sollte und wie die Tanten und Onkel das wollten. Dann entstand sehr oft eine unangenehme Situation. Immer wieder hielt man mir vor, dass mein Bruder Aloys sich ganz anders verhalten hätte.

Er hat sich nicht so schnell schmutzig gemacht, er war ein sehr ordentliches Kind, er folgte besser den Anweisungen von Tante und Onkel als ich. Aloys war auch nicht so widerspenstig.

Ich konnte ganz deutlich spüren, dass mein Bruder Aloys ihnen lieber gewesen war als ich. Dabei muss ich bemerken, dass Aloys ein sehr hübsches Kind war, im Vergleich zu mir. Man kann das anhand der Kinderbilder ganz klar erkennen.

Diese für mich sehr bedrückende Angelegenheit kam natürlich nicht täglich vor. Aber in gewissen Zeitabständen, alle paar Wochen oder mehr, hielt man mir den Unterschied zu Aloys vor.

Als ich älter wurde, etwa mit 7–10 Jahren, habe ich dem Vergleich sehr viel Bedeutung zugemessen. Dies ging dann soweit, dass ich meinen Bruder irgendwie gehasst habe und gleichzeitig habe ich mir gewünscht, ich wäre wie er.

Mit meinen Tanten und Onkeln habe ich nie darüber gesprochen, wie sehr mir die Bemerkungen im Bezug auf Aloys weh taten. Auch mit meinen Eltern in Strohn habe ich darüber nicht geredet. Es war mir peinlich und ich fühlte mich in meinem kindlichen Denken irgendwie schuldig. Ich fragte dann Maja, wie sich Aloys denn richtig verhalten hätte. Dann habe ich versucht, es genauso zu machen, aber es gelang mir nicht.

Ich hatte deshalb immer ein sehr schlechtes Gefühl, heute würde ich sagen, es war mangelndes Selbstbewusstsein. Aber mit zunehmendem Alter war dieses Thema allmählich beendet.

Auch später habe ich mit meinen Tanten und Onkeln nie darüber gesprochen. Da ich immer ein gutes Verhältnis zu ihnen hatte, wäre es mir unangenehm gewesen, das leidige Thema zur Sprache zu bringen.

Kriegsende

Aus dem Zweiten Weltkrieg sind mir zwei Ereignisse in Erinnerung. Wahrscheinlich Ende 1944 oder Anfang 1945 kamen plötzlich Flugzeuge über das Dorf geflogen, mit lautem Getöse und Lärm. Wir Kinder flüchteten ins Backhaus in der Vulkanstraße und waren der Meinung, wir wären geschützt. Die Sache ging gut aus. Aber meine Tanten und Onkel und die Eltern der anderen Kinder waren schon in Sorge, wo wir wären. Für uns war das aber sehr lustig.

Das andere Ereignis war, als die Amerikaner das Dorf im März 1945 besetzten. Ich stand mit Maja hinten im Haus auf der Kellertreppe, als ein amerikanischer Soldat, es war ein Farbiger, mit seinem Gewehr auf uns zukam und mit uns redete, wir ihn aber nicht verstanden. Wir hatten Angst, aber als der Soldat mich ansah, lächelte er und ich hatte das Gefühl, jetzt ist alles gut. Onkel Josef war mit den Kühen im Flur »Auf der Hotzlay«. Er durfte mehrere Stunden mit seinem Gespann nicht auf die Straße, bis am späten Abend die Erlaubnis erteilt wurde, heimzufahren. Mein Onkel Josef hat oft davon erzählt. Er sagte: »Die Amerikaner hatten mehr Angst als ich.«

Am anderen Tag kam die Familie Borsch (Hausname Schiwich) – die Frau (Klara Borsch, geb. Teusch) war eine Schwester der Geschwister Teusch – mit den erwachsenen Kindern zu uns ins Teuschen Haus, um für einige Tage bei uns zu wohnen. Denn das Haus Borsch stand an der Hauptstraße (Pulvermaarstraße) und die amerikanischen Soldaten besetzten das Haus und machten es zu ihrem Quartier. Es waren die Eltern Borsch und fünf erwachsene Kinder. Wo wir alle im Haus unterkamen, ist mir heute noch unerklärlich. Bei uns im Teuschen Haus hatte Tante Anna alles organisiert, wer wo schlafen sollte, sowie den gesamten Tagesablauf. Alle hörten auf ihr Kommando. Für mich als Viereinhalbjähriger war das außerordentlich interessant und lustig und ich war traurig, als die Familie Borsch wieder heim durfte.

Mein Vater als Soldat
im Zweiten Weltkrieg

Meine Mutter
in Strohn

Rückkehr des Vaters

Mein Vater war zu diesem Zeitpunkt – 1945 bis August 1946 – noch immer vermisst in Russland. Dann geschah etwas sehr Kurioses. Tante Käth war auf dem Bahnhof in Daun und wartete auf ihren Zug nach Gillenfeld. In dem Moment lief ein Zug mit ehemaligen Wehrmachtsoldaten ein, welche aus der Kriegsgefangenschaft aus Russland entlassen worden waren. Ein Mann riss das Abteilfenster auf und rief mehrmals laut: »Wer kennt Josef Mohr aus Strohn?«, also meinen Vater. Tante Käth lief schnell zu dem Mann und er rief ihr zu: »Josef Mohr lebt! Er ist in russischer Gefangenschaft! Er kommt in den nächsten Monaten heim.«

Im selben Moment fuhr der Zug schon wieder an und Tante Käth lief noch eine kurze Strecke mit, um den Mann noch mehr zu fragen, aber vergeblich. Als sie in Gillenfeld ankam, ging sie sofort nach Strohn, um meiner Mutter die freudige Nachricht zu

Bei der Heuernte in Strohn
(Es sind nur Frauen zu sehen, die Männer sind im Krieg)

überbringen. Wenn sie später davon erzählte, war sie noch sehr aufgewühlt und hatte Tränen in den Augen.

Im Oktober 1946 kam mein Vater aus russischer Kriegsgefangenschaft heim. Meine Mutter und Geschwister holten ihn am Bahnhof Gillenfeld ab. Ich ging mit Tante Käth auch dahin. Mein Vater, den ich ja gar nicht kannte, wollte mich auf den Arm nehmen, aber er schaffte es nicht. Er war zu schwach. Dann sollte ich mit nach Strohn fahren, aber ich sträubte mich. Ich wollte nicht nach Strohn und hielt mich an Tante Käth fest. Mir wurde alles versprochen, wenn ich mitfahren würde, aber ich gab nicht nach. Mein Vater weinte in einem Stück und sagte zu meiner Mutter: »Lassen wir ihn, er kann am allerwenigsten dafür, dass dies so ist.«

So ging ich dann wieder mit Tante Käth heim, also zum Teuschen Haus. Dort waren alle sehr enttäuscht und entrüstet, dass ich

Onkel Matthias und ich

nicht mit meinem Vater nach Strohn gefahren bin. Sie wiesen noch darauf hin, dass meine Schwester Gerta Kakao gekocht hätte und mein Pat würde mich mit dem Fahrrad mit dem Kindersattel nach Strohn nachbringen, aber ich gab nicht nach.

Onkel und Tanten als Vater und Mutter

Als Kind war ich immer dabei, wenn in die Flur, in die Wiesen und Äcker gefahren wurde. Es gab ja keinen Kindergarten. Das war die einfachste Art, Kinder zu verwahren. Es wurde immer genug Essen und Trinken mitgenommen und kaum waren wir im Feld angekommen, hatte ich schon Hunger. Eine Begebenheit habe ich noch ganz deutlich in Erinnerung. Wir waren im Sommer in der Wiese »Ottendellchen« zum Heumachen. Zu der einen Seite der Wiese war, und ist auch heute noch, ein etwa 10 bis 15 Meter hoher Bahndamm mit einer ziemlich starken Steigung Richtung Wittlich. Wenn dann ein Zug, damals noch mit Dampflok mit lautem Getöse und mehrmaligem Pfeifen (Alarmsignal), die Steigung herauffuhr, machte der Zugantrieb ein eigenartiges Geräusch. Tante Maja sagte dann immer: »Hör mal hin, der Zug spricht: ›Ich pack' es nicht, ich pack' es nicht‹.« Wenn die Lok dann oben war, hörte es sich, weil der Zug dann wieder schneller fuhr, so an, als würde die Lokomotive rufen: »Ich habe es gepackt, ich habe es gepackt.« Damals fuhr die Bahn mehrmals am Tag hier rauf und ich habe als kleiner Junge mehrere Jahre geglaubt, die Lokomotive würde wirklich reden. Ich kann mich heute noch ganz genau an dieses seltsame Geräusch erinnern.

Inzwischen wurde ich dann in Gillenfeld im September/Oktober 1946 eingeschult und hatte da auch meine Freunde und Schulkameraden. Das Thema Strohn, Eltern und Geschwister, war für mich nicht mehr wichtig und rückte ganz in den Hintergrund. Mein Vater waren die zwei Onkel. Meine Mutter waren die drei

Tanten. Nach Strohn ging ich nur auf Besuch für ein oder zwei Stunden und freute mich schon auf das Nachhausegehen nach Gillenfeld. Ich hörte dann öfter den Spruch: »Es ist schlimm, was der Junge seinen Eltern antut.« Aber ich war mir keiner Schuld bewusst.

Wenn ich hier bleiben muss, sterbe ich

Als ich sieben oder acht Jahre alt war, kam wieder ein schwerwiegendes Ereignis auf mich zu, was für mich, wenn ich so darüber nachdenke, das Schlimmste in meinem bisherigen Leben war. Meine Eltern, vor allen Dingen mein Vater, kamen auf die Idee, mich wieder für immer nach Strohn zu holen. Denn meine Schwester Gerta war schon außer Haus in Stellung. So hieß es damals, wenn ein Mädchen in einer anderen Familie im Haushalt tätig war. Auch mein Bruder Gerhard stand vor der Schulentlassung und würde das Elternhaus bald verlassen. Also war ich dann in den Schulferien in Strohn zum Eingewöhnen.

Meine Schwester Agnes, drei Jahre älter als ich, freute sich außerordentlich, wenn ich in den Ferien in Strohn war, und sie versuchte mir den Aufenthalt in Strohn sehr schmackhaft zu machen. Sie zog alle Register und bemühte sich, mich zu überreden, doch bei den Eltern und ihr zu bleiben, denn dass sie dann auf einmal einen jüngeren Bruder im Elternhaus bei sich hätte, war für sie wahnsinnig interessant und schön.

Aber das ging so nicht. Am ersten Tag war ich noch froh, am zweiten Tag hatte ich Heimweh nach Gillenfeld und dies wurde so schlimm, dass ich am dritten Tag wieder nach Gillenfeld gebracht wurde. Meine Eltern konnten das nicht verstehen und waren furchtbar traurig. Dann war eine Zeit lang Ruhe. Bis zu den nächsten Schulferien. Dann musste ich wieder nach Strohn. Es war wieder dasselbe; erster Tag, zweiter Tag und ich konnte nicht mehr bleiben.

Diese Situation blieb immer dieselbe, ich konnte mich einfach in Strohn nicht zu Hause fühlen. So ging das eine lange Zeit hin und her und ich wusste nicht, wo ich dran war. Meinen Eltern wollte ich nicht wehtun, aber das Heimweh nach Onkel und Tanten konnte ich unmöglich unterdrücken. An einem Herbsttag war ich dann wieder in den Ferien in Strohn und es war wieder wie vorher, ganz schlimm. Am zweiten oder dritten Tag war das Heimweh nach Gillenfeld so stark, dass ich meinen Vater bedrängte, mich doch wieder gehen zu lassen. Er weigerte sich und hielt mir vor, im Krieg hätte er auch sieben Jahre Heimweh gehabt und er wäre nicht davon gestorben. Dies beeindruckte mich aber nicht ein bisschen und ich jammerte den ganzen Nachmittag. Gegen Abend, die Dämmerung fing schon an, machte ich noch mal einen Versuch, meinen Vater umzustimmen: »Vater, wenn ich hier bleiben muss, dann sterbe ich.« Da schaute mich

Agnes, Mutter, ich, Gerhard, Vater, Gerta

32

Vater ganz ernst an und sagte das erlösende Wort: »Du kannst sofort nach Gillenfeld zurück.«

Ohne auch nur einen Augenblick zu zögern, machte ich mich sofort auf den Heimweg. Es war schon fast dunkel, Anfang Oktober. Ich lief die ganze Strecke nach Gillenfeld, zweieinhalb Kilometer, so schnell ich konnte. Die größte Angst, die mich antrieb, war nicht die Dämmerung, sondern ich hatte Angst, mein Bruder Gerhard, der sechs Jahre älter ist als ich, würde mir nachlaufen und mich festhalten. Andauernd schaute ich mich um, ob er nicht doch hinter mir her wäre. Wenn er mich hätte festhalten wollen, dann hätte ich mich einfach auf den Boden gelegt und wäre nicht mehr aufgestanden. Aber ich hatte Glück und konnte unbehelligt weiterlaufen.

In Gillenfeld waren meine Tanten und Onkel gerade beim Abendessen. Als ich in die Küche kam, habe ich ganz heftig geweint vor Freude und alle fünf Tanten und Onkel haben mit mir geweint. Sie brachten mir einen Teller zum Abendessen und ich war wieder daheim.

Nach diesem gravierenden Ereignis setzten sich meine Eltern und die Tanten zusammen und berieten, wie das mit mir weitergehen sollte. Ich wusste von dem Gespräch nichts. Am anderen Tag sagte Tante Käth zu mir: »Wir haben eine Entscheidung getroffen, du kannst bei uns bleiben, du musst nicht nach Strohn umziehen. Denn deine Eltern und wir wollen doch das Beste für dich, sonst wirst du uns noch krank.«

Von dem Tag an war ich zwar noch öfter in Strohn, aber ich konnte immer wieder ganz spontan zurück nach Gillenfeld, ohne viel zu jammern und zu klagen. Die Situation war nicht mehr angespannt und so dramatisch. Ich blieb immer nur einen Tag in Strohn.

Das Ende des Schweigens

Mit zunehmender Zeit wurden meine Onkel und Tanten ja älter und schafften die Landwirtschaft nicht mehr alleine. Ich war noch jung und ein Schulkind und so konnte ich in der Landwirtschaft noch nicht so mitarbeiten wie ein Erwachsener.

Als ich neun Jahre alt war, stellten meine Onkel und Tanten einen landwirtschaftlichen Arbeiter ein. Er stammte aus einem der Nachbardörfer und war etwa acht bis neun Jahre älter als ich. Er kam aus einer guten Familie und war mit allen anfallenden Arbeiten bestens vertraut.

Sehr schnell fügte er sich in die Großfamilie Teusch ein und verhielt sich außerordentlich respektvoll und gutmütig gegenüber den alten Leuten. Wegen der begrenzten Wohnverhältnisse musste er in meinem Schlafzimmer schlafen. Auf der anderen Seite des Zimmers wurde sein Bett aufgestellt. Und dann nahm das Schicksal seinen unheilvollen Lauf.

Heute kann ich es von der Zeitdauer her nicht mehr so genau einordnen, ob ich damals zehn Jahre alt war oder schon etwas älter, als er das erste Mal zu mir ins Bett kam und sexuell übergriffig wurde.

Ich wusste gar nicht, was da eigentlich geschah und fühlte mich mit der Situation völlig überfordert. Er war dann sehr erregt und drängte mich, auch ihn an seinem Glied anzufassen. Aber das konnte ich nicht und ich war sehr erschrocken über seinen Wunsch. Daraufhin onanierte er bis zum Samenerguss. Ich werde den Geruch seines Spermas nie vergessen.

Dann war eine Zeit lang Ruhe. Er war sich wohl nicht sicher, ob ich ihn vielleicht verraten würde. Da dies nicht geschah, machte er weiter und verlangte von mir, ihn zu befriedigen. Aber das konnte und wollte ich nach wie vor nicht. So versuchte er, auch mich zum Orgasmus zu bringen, aber ohne Erfolg, da ich noch zu jung war. Er sagte dann sehr überzeugend, je früher er bei mir das Onanieren praktizieren würde, desto früher und schneller käme ich zum Samenerguss und wäre dann auch in meinem jungen Alter in sexueller Hinsicht schon ein Mann.

Seine Forderungen wurden immer drängender und die Zeitspanne bis zum nächsten Mal immer kürzer. Wenn er dann am Wochenende zu Hause war, dachte ich: Jetzt hört das endlich auf. Aber es hörte nicht auf.

Wenn ich mich heute als alter Mann frage, warum ich mich nicht meinen Onkel und Tanten anvertraut habe oder meinen Eltern in Strohn, so weiß ich keine Antwort. Ich war wie in einer Art Schockzustand und kam immer mehr zu der Überzeugung, selbst Schuld zu sein.

Meine Schuldgefühle und meine Scham wurden noch bestärkt, wenn ich zur Beichte ging. Das war bei uns Schulkindern alle vier Wochen der Fall. Ich beichtete dann: Ich habe Unkeusches mit anderen getan. Der Pastor hielt mir daraufhin eine Moralpredigt und schimpfte mich aus.

Das Traurigste an der Geschichte war, dass ich mich selbst anklagte, obwohl ich doch das Opfer war.

Der Missbrauch dauerte circa drei Jahre an. Wie oft es geschah, kann ich nicht mehr sagen. Als ich dreizehn Jahre alt war, verließ der Knecht unseren Betrieb.

Wenn ich heute von Missbrauch bei Kindern höre, glaube ich, dass bei allen Opfern die Ohnmacht und die eigenen Schuldgefühle so sehr gegenwärtig sind, dass sie es nicht wagen, sich an eine Vertrauensperson zu wenden.

Ein nicht genehmigter Ausflug

In unserer Nachbarschaft wohnte ein junger Mann, neun Jahre älter als ich, welcher eine kleine Landwirtschaft betrieb und zusätzlich einen Bierverlag.

Ein- bis zweimal in der Woche fuhr er Bier, Sprudel, Limonade und andere Getränke zu den kleinen Gaststätten in den umliegenden Dörfern. Zu diesem Zweck hatte er einen besonderen Wagen, man nannte diesen den ›Bierwagen‹. Es war ein sehr großer Kastenwagen mit einem Kutschbock. Auf dem Kutschbock konnten bequem zwei bis drei Personen sitzen. Eine lange Stange führte zu der Bremse an der Hinterachse, man musste also beim Berg herunterfahren nicht hinterherlaufen, um die Bremse zuzudrehen.

Alle Kinder, vor allem die Jungen, hatten den Wunsch mit dem Bierwagen auf dem Kutschbock mitzufahren. Der junge Mann war sehr kinderfreundlich und alle Kinder kamen gern zu ihm, zwecks Mitfahrt beim Getränke ausliefern.

Der Wagen wurde von zwei schwarzen Pferden gezogen, ein mittleres und ein sehr großes Pferd. Das große Pferd hatte den Namen ›Der Himbenbock‹, was das heißt, weiß ich bis heute noch nicht.

Ich wollte auch unbedingt mitfahren. Aber meine Tanten und Onkel hatten es mir ausdrücklich und sehr energisch verboten. Je mehr mir es verboten wurde, umso stärker wurde mein Wunsch doch wenigstens einmal dabei zu sein.

So habe ich mich dann eines Tages nach dem Mittagessen, ohne etwas zu sagen und ohne meine Schulaufgaben zu machen, aus dem Haus geschlichen und bin eiligen Schrittes zu dem Bierverleger, um meine Mitfahrt anzumelden. Er war sehr überrascht, dass ich mitfahren durfte und wies mich an, sofort auf den Kutschbock zu klettern. Das Bier und die übrigen Getränke waren schon aufgeladen. Dann wurden die Pferde angespannt. Es kam noch ein Junge in meinem Alter dazu und ab ging es Richtung Saxler.

Meine größte Sorge war, dass im letzten Moment einer meiner Onkel käme um mich vom Wagen herunterzuholen. Dann wäre mein Abenteuer schon am Anfang zu Ende gewesen. Aber ich hatte Glück und genoss die Fahrt nach Saxler. Als wir aus Gillenfeld raus waren, ließ der Fahrer die Pferde auf der ebenen Straße Richtung Saxler-Mühle im leichten Galopp rennen.

Für mich war diese Fahrt etwas ganz Einmaliges, sodass ich die Angst, was mich abends daheim erwartete, ganz in den Hintergrund stellte. In Saxler, im Haus Zillgen Hubert, war eine Bierniederlage – so nannte man das zu der Zeit in den Dörfern, wo keine Wirtschaft war. Ein Teil der Getränke wurde dort abgeladen.

Dann ging es weiter nach Ellscheid zum Gasthaus Weiler. Hier wurde mehr Bier und Selterswasser in den Keller gebracht, denn die Gaststätte Weiler war ein gut florierender Betrieb.

Wir fuhren noch nach Steineberg und zu anderen Dörfern. Der Nachmittag ging im Nu vorbei und als wir gegen Abend von der Maarhöhe herunterfuhren und ich die ersten Häuser von Gillenfeld sah, war meine Euphorie ob des schönen Nachmittags abrupt zu Ende. Ich hatte große Sorge und Kummer, wie meine Tanten und Onkel reagieren würden.

Und die Sorge war berechtigt. Als wir das Oberdorf herunter kamen, sah ich Onkel Josef schon an der Straße stehen, mit einem sehr grimmigen Gesicht, wie ich es bisher bei ihm noch nicht gesehen hatte. Der Wagen hielt an und ich stieg vom Kutschbock. Onkel Josef schimpfte ganz furchtbar und gab mir eine Ohrfeige. Dies war für mich besonders schlimm, ich hatte bisher noch nie Prügel bekommen.

»Du hast deine Schulaufgaben noch nicht gemacht und bist ohne etwas zu sagen, klammheimlich abgehauen, wir haben uns Sorgen gemacht.« So zornig hatte ich Onkel Josef noch nie erlebt.

Ich antwortete ihm: »Die Schulaufgaben sind ganz schnell gemacht, ich habe beim Rechnen die Reihe mit neun auf, das ist kinderleicht. In Religion muss ich die Bibelgeschichte ›Die Hochzeit zu Kanaan‹ aufsagen, die kann ich ohnehin auswendig.«

An die Aufgabe »Die Reihe mit neun« kann ich mich noch ganz genau erinnern, also war ich etwa 8–9 Jahre alt.

Er ließ das alles nicht als Entschuldigung gelten und schimpfte weiter. Als ich dann ins Haus kam zu den Anderen war die Entrüstung und das ablehnende Verhalten mir gegenüber sehr deutlich zu spüren. Mir war sehr unwohl und ich fasste den Entschluss, nie wieder mit dem Bierwagen mitzufahren. In Eile machte ich meine Schulaufgaben, anschließend wurde zu Abend gegessen. Beim Abendessen war die Stimmung auch noch sehr gedrückt und unangenehm. Dann musste ich sofort schlafen gehen und durfte nicht mehr, wie sonst, noch eine Weile bei den Tanten und Onkeln sitzen. Aber den schönen Nachmittag auf dem Kutschbock konnte mir keiner mehr nehmen.

Am anderen Morgen war wieder alles wie sonst. Es wurde nicht mehr geschimpft, das Thema von gestern wurde nicht mehr diskutiert. Auch in späteren Jahren wurde ich nie wieder darauf angesprochen.

Der Zwetschgenbaum

Von da an verlief die Zeit sehr ruhig und schön. Ich fühlte mich wohl. Bis zu dem Zeitpunkt, als ich im April 1949 zur ersten heiligen Kommunion kam. Dann begann wieder ein neuer Lebensabschnitt. Um das zu erklären, was sich dann für mich ganz wesentlich änderte, muss ich weit zurückgreifen.

Ich hatte schon gemerkt, dass Tante Anna und Onkel Matthias, mein Pate, sich nicht vertrugen. Sie hatten oft heftigen Streit und Meinungsverschiedenheiten. Onkel Matthias hatte 1931 in die Familie Teusch eingeheiratet. Er passte von seinem Wesen nicht in die Teusch-Familie. Er war sehr herrisch, aufbrausend und neigte zu ganz stark ausgeprägtem Jähzorn. Seine Frau Käth und ihre Geschwister hatten eine ganz andere Mentalität. Einige Beispiele aus der Zeit sind mir noch ganz deutlich in Erinnerung. Seine Frau und Tante Maria –Tante Anna durfte nichts zu ihm sagen – forderten Onkel Matthias mehrmals auf, er solle im Garten Zwetschgen pflücken. Plötzlich geriet er so in Rage, ob der immer wiederkehrenden Aufforderung, Zwetschgen zu pflücken, dass er eine Säge nahm, in den Garten rannte und den Zwetschgenbaum fällte. Zurück im Haus rief er: »Jetzt könnt ihr die Zwetschgen selbst pflücken.« Keiner durfte dies kritisieren, sonst wäre die Situation eskaliert. Wir gingen dann in den Garten und ernteten die Zwetschgen vom Baum, der am Boden lag. Onkel Matthias verschwand im Schlafzimmer und war an dem Tag nicht mehr ansprechbar.

Meine Erstkommunion mit Familie und Verwandtschaft
im Jahre 1949

Zu einem anderen Zeitpunkt ereignete sich Folgendes: Tante Käth, seine Frau, war in der Scheune auf dem Stallboden und half Getreidegarben abladen. Als der Wagen leer war, konnte sie nicht mehr die senkrechte Seite herunterklettern. Aber Onkel Matthias bestand darauf, dass sie über die Leiter herunterklettern sollte. Sie hatte aber Angst und weigerte sich, die Leiter zu benutzen. Ihr Bruder Onkel Josef nahm eine andere Leiter und stellte sie so schräg auf, dass Tante Käth gefahrlos herunterklettern konnte. Als Onkel Matthias dies sah, wurde er schrecklich wütend und jähzornig. Er riss Onkel Josef die Leiter aus der Hand, lief damit aus der Scheune bis zur Mistmauer und schlug die Leiter auf der Mauer in mehrere Stücke. Keiner durfte etwas sagen, sonst wäre es noch schlimmer geworden.

Onkel Matthias rannte ins Haus, ging in sein Schlafzimmer und kam an dem Tag nicht mehr zurück in die Scheune. Tante Käth weinte bitterlich und ich dachte: »Jetzt muss Tante Käth da oben schlafen.« Für mich als Kind war das mehr lustig, als schlimm. Onkel Josef ging dann zu dem Nachbarn Nikolaus Weber (Hausname Bauten) eine Leiter ausleihen und Tante Käth konnte unbeschadet runterklettern.

Dies war im August, wenn es morgens um fünf Uhr schon hell wird. Onkel Matthias war dann schon auf und zimmerte eine neue Leiter, er war ja Zimmermann. Ich hatte davon nichts mitbekommen. Als ich morgens in den Hof kam, um zur Schule zu gehen, sah ich die neue Leiter da stehen und wusste nicht, wo sie herkam. Keiner im Haus durfte Onkel Matthias auf die neue Leiter ansprechen, da dies wieder schlimme Folgen gehabt hätte. Als ich nachmittags mit Onkel Josef allein war, fragte ich ihn, was das für eine Leiter wäre. Er sagte mir: »Nachts, als es noch fast dunkel war, hat Onkel Matthias angefangen zu hämmern und zu sägen und die neue Leiter zusammengebaut.«

Noch eine Begebenheit war typisch für die angespannte Situation. Tante Anna kochte immer das Mittagessen. Wenn Onkel

Matthias dann auch am Tisch war, ging Tante Anna mit ihrem Teller in ein anderes Zimmer, um dort zu essen. An anderen Tagen, wenn Onkel Matthias nicht daheim war, er war ja häufig auf der Baustelle, um den Dachstuhl herzustellen, blieb Tante Anna natürlich bei uns am Mittagstisch und die Atmosphäre war lockerer. Ich muss hierzu unbedingt ausführen, dass Tante Anna nicht so friedfertig war, wie ihre Geschwister Josef, Käth und Maria. Sie legte sich öfter mit Onkel Matthias an und die gegenseitige Abneigung wurde dadurch immer größer. Da dies auf Dauer nicht so weitergehen konnte, musste eine Lösung her.

Auszug aus dem Teuschen Haus

Onkel Matthias plante dann, mit seiner Frau, Tante Käth, aus dem Hause Teuschen auszuziehen. Der Bruder von Onkel Matthias wohnte auch in Gillenfeld in einem großen Haus mit Familie. Er war zu der Zeit Amtsbürgermeister von Gillenfeld. Es war im Hause Teuschen innerhalb der Familie abgesprochen und geplant, dass mein Pat und Tante Käth noch bis zu meiner Erstkommunion am 24. April 1949 bleiben würden, weil alle mir das umstürzende Ereignis noch vor der Kommunion nicht zumuten wollten. Ich wusste von dem geplanten Umzug nichts. So wurde das Fest der Erstkommunion noch sehr feierlich durchgeführt und alles schien für mich in bester Ordnung. Erst kurz danach wurde mir erzählt, dass der Umzug von Onkel Matthias und Tante Käth jetzt im Mai stattfinden würde.

Ich habe das anfangs gar nicht geglaubt und konnte mir nicht vorstellen, dass die beiden nicht mehr bei uns im Haus wohnen würden und der Gedanke daran hat mich sehr bedrückt. Ich hatte zwar mittlerweile alle fünf Onkel und Tanten gern, aber da Onkel Matthias und Tante Käth ein Ehepaar waren und die anderen drei ja nicht, hatte ich die beiden in meinem kindlichen Denken als Eltern/Pflegeeltern eingeordnet. Das kam auch daher, dass in der Schule und sonst überall die Kinder immer wieder angesprochen wurden: »Dann sagt euren Eltern Bescheid«, oder: »Richtet das den Eltern aus«. Ich hatte immer das Problem, weil ich der Einzige war, der dann die Eltern nicht so nahe bei sich hatte, dass ich nicht wusste, wie ich mich im Hause Teuschen verhalten sollte. Es war daher für mich unvorstellbar, dass die beiden (Pflegeeltern) nicht mehr da sein sollten.

Nach ein paar Tagen kam dann ein großer LKW in den Hof gefahren und es wurden alle Möbel und Hausgegenstände von Onkel Matthias und Tante Käth, mit Hilfe der Verwandten von Onkel Matthias, aufgeladen. Es war eine bedrückende Stimmung im Haus und ich wusste nicht, wo ich dran war. Als dann alles aufgeladen war, verließen Onkel Matthias und Tante Käth das Haus und gingen zu ihrer neuen Familie im Unterdorf. Als beide weg waren, herrschte eine ungewohnte Stille im Haus. Tante Maria (Maja) und ich setzten uns oben im leeren Schlafzimmer

Onkel Matthias neben Ehefrau Käth

42

von Onkel Matthias und Tante Käth auf den Boden nebeneinander und weinten bitterlich. Ich hatte das Gefühl: Die Welt geht unter. Nach einer Weile sagte Maja: »Komm, wir gehen runter in die Küche. Ich koche dir Kakao und mache dir ein Butterbrot, dann geht es dir wieder besser.« Sie hatte Recht, nach der Mahlzeit habe ich wieder zur Ruhe gefunden. Aber als ich dann zu Bett ging, konnte ich lange nicht einschlafen, ob der Ereignisse des vergangenen Tages.

Nach dem Auszug von Onkel Matthias und Tante Käth nahm Onkel Matthias auch noch zwei Kühe und drei Rinder mit zu seinem Bruder, zudem seine Mähmaschine und sonstiges landwirtschaftliches Gerät, welches ihm gehörte. Onkel Matthias und Tante Käth hatten mir versichert, ich könnte sie jederzeit bei ihrer neuen Familie besuchen. So pendelte ich sehr oft, manchmal täglich, zwischen Teuschen Haus und Reinisch Haus im Unterdorf, wo die beiden jetzt wohnten. Tante Maria, Onkel Josef und erstaunlicherweise Tante Anna hatten dagegen nichts einzuwenden. Dafür bin ich allen heute noch sehr dankbar.

Im Haus Reinisch war ich als Neunjähriger sehr willkommen, denn die Kinder des Bruders von Onkel Matthias waren 15 bis 20 Jahre älter als ich und ich merkte gleich, dass alle im Haus Reinisch – Onkel Johann, seine Frau, die drei Töchter und ein Sohn – mir sehr wohlgesonnen waren. Das Haus Reinisch war ein sehr gastfreundliches Haus und wenn ich dort war, habe ich immer mitgegessen und Kaffee getrunken. Der Bruder von Onkel Matthias, also Onkel Johann, war zu der Zeit Amtsbürgermeister in Gillenfeld und Kassenrendant, das heißt Leiter der Raiffeisenkassen. So war auch dieses Haus ein Haus der offenen Tür. Es kamen sehr viele Leute zu der Familie Reinisch und für mich war dies wahnsinnig interessant.

Der Besuch auf der Mühle

Mein Bruder Gerhard ist 6 Jahre älter als ich und nach der Schulentlassung 1948 kam er als Landarbeiter, damals hieß dies »ein Knecht« zu einer Mühle am Dorfrand von Strohn.

Er war dort zuständig für landwirtschaftliche Arbeiten und als Helfer in der Mühle. Dazu gehörte auch das von Dorf zu Dorf ausliefern von Mehl und Kleie und gleichzeitig das Mitbringen von Roggen und Weizen zum Mahlen in der Mühle.

Eines Tages, etwa mit 10 Jahren, kam ich auf die Idee meinen Bruder in der Mühle zu besuchen. Ich fuhr mit dem Postbus nach Strohn und wanderte dann zur Mühle, wo mein Bruder arbeitete. Dort gab es für mich allerhand zu entdecken.

Der Müller hatte zwei bis drei Gespannpferde, alte Kaltblutrasse, es gab dort auch Enten, Gänse, Kühe, Schweine und Hühner. Auf dem Hof war ständig geschäftiges Treiben und Schaffen.

Ich durfte mit in die Mühle und zusehen, wie das Korn gemahlen wurde. Gegen 4 Uhr nachmittags wurde zum Kaffee gerufen und wir gingen alle ins Haus. Dort war großzügig aufgetischt. Es gab einen ganz besonders schmackhaften Klatschkäse und ich aß sehr viel davon und fühlte mich wohl. Alles in Allem war dieser Nachmittag ein sehr schönes Erlebnis für mich.

Nun haben Kinder in diesem Alter ja die Angewohnheit, dass sie etwas Schönes wiederholen möchten. So fuhr ich ein paar Wochen später wieder nach Strohn in die Mühle zu meinem Bruder.

Aber es war ein Reinfall, denn ich spürte sofort, dass ich heute nicht willkommen war. An dem Tag gab es Arbeit in der Mühle und in der Landwirtschaft und man hatte keine Zeit für ein zehnjähriges Kind.

Mein Bruder schien sehr aufgeregt und unruhig und er freute sich nicht über meinen Besuch. Er versuchte krampfhaft mich wegzuschicken, aber ich hatte dafür kein Verständnis und wollte bleiben, zumindest bis zum Kaffeetrinken. Der Druck, mich loszuwerden, wurde immer stärker und ich wehrte mich noch, obwohl ich mich sehr unwohl fühlte. Mein Bruder war sehr bemüht mich noch vor der Kaffeezeit von der Mühle zu vertreiben.

Schließlich, als ich merkte, dass keiner mit mir froh war und alle mich los sein wollten, ging ich sehr bedrückt davon.

Mit Tränen in den Augen besuchte ich im Dorf dann meine Eltern. Ich klagte meiner Mutter mein Leid und ich hatte sofort das Gefühl, dass sie wusste, warum ich von der Mühle vertrieben worden war. Sie erklärte mir dann irgendetwas, was ich nicht verstanden habe.

Später, als ich älter war, hat sie mir den wahren Grund dafür erzählt.

Das Ehepaar, bei dem mein Bruder beschäftigt war, hatte keine Kinder. Sehr wahrscheinlich wollte die Frau nicht, dass ich als 9 bis 10-jähriges Kind dauern anwesend wäre, weil sie dadurch immer wieder daran erinnert wurde, das sie kein eigenes Kind hatte.

Nachbeten im Keller

Wenn ich als Schulkind in den Ferien oder an freien Tagen mit anderen Kindern draußen spielte, vergaß ich öfter die Zeit und kam zu spät zum Mittagessen. Das war ein schlimmes Vergehen.

Mir wurde dann einfach, ohne das ich mich wehren konnte, unterstellt, dass ich mich wegen des Betens vor dem Mittagessen drücken wollte.

Als Strafe musste ich dann die Kellertreppe hinuntergehen, etwa 4 – 5 Stufen. Dort war ein kleines Podest, ohne Licht. Es war fast stockdunkel. Nur ein kleiner Schimmer vom Tageslicht erhellte den Platz. Wäre es ganz düster gewesen, hätte ich Panik bekommen.

Ich musste zwei Vaterunser beten, aber nicht laut, sondern still für mich allein. Die Tanten konnten die Zeit für zwei Vaterunser genau einschätzen, und wehe, ich wäre früher aus dem Keller herauf in die Küche gekommen, dann hätte man mir vorgeworfen: »Du betrügst.«

Wenn ich dann am Tisch bei den anderen saß, wollte ich nicht essen, weil ich mich noch sehr beleidigt und gedemütigt fühlte.

Dann sagten alle immer den Satz, den ich nie vergessen werde: »Kopftrotz ist Bauchschaden.«

Schließlich, nach einer Weile des Trotzes, nahm der Hunger überhand und ich aß dann doch meinen Teller leer.

Alle warteten sehr ungeduldig, denn nach dem Essen wurden wieder zwei Vaterunser gebetet und grundsätzlich erst, wenn der letzte Teller leer war.

Nach dem Beten rannte ich dann sofort wieder weg, denn die Stimmung in der Küche war sehr bedrückend.

Ein Zimmer für drei Personen

Eines Tages – etwa Ende 1949 bis Anfang 1950 – geschah Folgendes: Die Gemeindeverwaltung beauftragte einen Gemeindeangestellten, die Häuser auszumessen und die Wohnfläche zu ermitteln. So kam er auch zu uns ins Teuschen Haus. Als er fertig ausgemessen hatte, gab er das Ergebnis bekannt und teilte mit: »Ihr habt so viele Zimmer, ihr müsst Flüchtlinge, also Heimatvertriebene, aufnehmen.« Meine Tanten waren erschrocken und wollten keine wildfremden Leute ins Haus holen. Der Gemeindeangestellte hatte aber einen Vorschlag: »Die Nichte meiner Frau ist verheiratet und hat eine zweijährige Tochter. Sie sucht ein Zimmer für zwei bis drei Jahre. Wenn ihr die junge Familie aufnehmt und ihr ein Zimmer vermietet, sorge ich dafür, dass ihr keine Flüchtlinge annehmen müsst.«

Und so waren meine Tanten sofort bereit, der jungen Familie ein Zimmer zu vermieten. Die junge Familie, ein Ehepaar Mitte zwanzig und ihre Tochter, zog dann bei uns ein. Das Kind hieß Dorothee. Sie hatten ein Zimmer, etwa 12 bis 15 Quadratmeter groß. Das waren Küche, Wohnzimmer und Schlafzimmer in einem. Die Frau hatte in der Nachbarschaft ein größeres Zimmer angemietet und dort ihr Friseurgeschäft. Der Mann war im Arbeitsverhältnis bei der Schuhfabrik in Gillenfeld. Das kleine Mädchen wurde von einem Mädchen aus dem Dorf, welches auch den Haushalt regelte, versorgt, eine sogenannte »Hausangestellte«.

Das Kind hatte aber auch schnell den Kontakt zu den Tanten Anna, Maria, Onkel Josef und mir gefunden und war für uns schon fast wie ein eigenes Kind. Da die Familie Teusch sehr kinderfreundlich war, war das Kleinkind für alle, auch für mich, eine wunderbare Bereicherung.

Das Kind wurde so zum Mittelpunkt im Hause Teusch. Es gab ja zu der Zeit noch keinen Kindergarten in Gillenfeld. Infolgedessen war das Mädchen den ganzen Tag in Haus und Hof und ich hatte die Pflicht, nach der Schule und an anderen schulfreien Tagen, mich auch um das zweijährige Kind zu kümmern. Oft kamen Leute, vor allen Dingen Frauen, nach Feierabend und sonntags mit besonderen Wünschen bei Friseurangelegenheiten zu der Mutter. Die junge Familie wohnte etwa zwei bis drei Jahre bei uns und es war eine wahnsinnig schöne und interessante Zeit, die ich nicht mehr missen wollte.

Wunderbare Kartoffelvermehrung

Zu der jetzt folgenden Geschichte muss ich etwas erklären. Leute, welche zur Miete wohnten, galten zu der Zeit als arme Leute, sie hatten kein Haus, kein Feld, kein Vieh. Diese damalige Mentalität muss man berücksichtigen, um folgendes Ereignis zu verstehen: Frau Anni, die Mieterin, kaufte im Herbst drei bis vier Zentner Kartoffeln bei uns und lagerte sie im Teuschen Keller auf einem besonderen Platz. Eines Tages kam Frau Anni zu uns in die Küche und bemerkte, dass ihr Kartoffelvorrat nicht kleiner würde, obwohl die Hausangestellte und auch sie jeden Tag Kartoffeln aus dem Keller holten. Ich war auch bei dem Gespräch dabei, alle staunten und wollten das nicht glauben. Es gibt doch bestimmt keine wunderbare Kartoffelvermehrung oder sollte hier noch Hexerei im Spiel sein? Auf einmal meldete sich Tante Maria zu Wort. Maja war eine gute Seele: »Es ist alles ganz harmlos, ich habe alle paar Tage von unseren Kartoffeln einige Kartoffeln rübergeworfen. Denn wir haben Kartoffeln genug und Frau Anni und ihre Familie sind doch arme Mietsleute.«

Eine kleine Gegebenheit aus dieser Zeit muss ich auch noch anführen. Im Sommer 1953 war ich als 12-Jähriger vom Pflaumenbaum runtergerutscht und hatte mir eine große offene Wunde am Knie zugefügt. Tante Anna versorgte die Wunde mit Jod und verband sie vorschriftsmäßig. Heute würde so etwas genäht werden. Ich durfte dann drei Tage nicht in die Schule gehen und musste das Bein hochlegen, also Bettruhe. Frau Anni, unsere Mieterin, hatte Mitleid mit mir und bot mir an, tagsüber in ihrer Küche auf der Schlafcouch zu liegen. Sie sagte zu mir, dass es ja furchtbar wäre, wenn ich tagsüber im Bett hätte liegen müssen.

So konnte ich drei Tage in dem Zimmer der jungen Familie verbringen und war dort wie ein Gast im eigenen Hause. In den drei Tagen war viel los in der Wohnung der Mietsleute. Es kamen und gingen Leute. Das Kind der Familie war dauernd bei mir. Es war eine ganz besondere Atmosphäre. Das Radio lief die ganze Zeit und spielte Schlager und das Hausmädchen Adelheid sang mit und machte die Hausarbeit: kochen, putzen, spülen. Bei uns im Teuschen Haus gab es kein Radio. Nach drei Tagen musste ich wieder zur Schule. Ich wäre noch gern länger als sogenannter Kranker in dem Zimmer der Familie geblieben. Diese drei Tage werde ich nie vergessen.

Als die junge Familie dann irgendwann in eine größere Wohnung zog, war für uns alle der Abschied sehr schwer und die erste Zeit danach war wieder so eine Leere im Haus. Die Familie, vor allen Dingen das Kind, fehlte uns sehr.

Tabakrauch und Leselust

Meine Tanten und Onkel Josef hatten noch einen Bruder, Johann, und eine Schwester, Klara, in Gillenfeld wohnen. Mit Onkel Josef ging ich als Kind sehr oft zu seinem Bruder, der zwangsläufig für mich auch ein Onkel war. Er war verheiratet und hatte eine Tochter, mehrere Jahre älter als ich. Onkel Josef rauchte dann immer seine Pfeife und die Wohnküche war voll von Tabakqualm. Es war auch eine Oma im Haus und sie sagte wortwörtlich: »Wenn Onkel Josef abends kommt und sagt: ›Guten Abend‹, stehe ich auf und sage ›Gute Nacht.‹« Denn sie konnte den Tabakrauch nicht vertragen. So etwas wie Nichtraucherschutz gab es damals nicht. Obwohl Onkel Josef ein sehr feiner und guter Mensch war und keine Spur von Rücksichtslosigkeit kannte, rauchte er den ganzen Abend. Er kam gar nicht auf die Idee, dass er damit jemandem schaden könnte.

Onkel Johann, genannt Hannes, konnte, genau wie Onkel Josef, wunderbar von früher erzählen, aber auch von aktuellen Ereignissen. Ich hörte wahnsinnig gern zu und es war für mich so, als würde ich eine spannende Geschichte lesen. Oft kamen auch andere Leute, befreundete Landwirte, in das Haus und es war eine interessante Gesprächsrunde. Onkel Hannes konnte sehr gut mit Kindern umgehen und hatte einen Jungen aus dem Dorf, dessen Mutter Kriegswitwe war und die keine Landwirtschaft hatten, in den Schulferien ganztags und in der Schulzeit nachmittags bei sich im Haus, also in der Familie. Der Junge war beim Essen und Kaffeetrinken mit am Tisch und half dafür, so gut er konnte, in der Landwirtschaft mit. Die Hauptaufgabe war Viehhüten. Das war zu damaliger Zeit durchaus üblich, auch bei anderen Landwirten. Man nannte diese Jungen, in seltenen Fällen auch Schulmädchen, einfach Hütejungen und Hütemädchen. Der Junge hieß Josef und wir kannten uns von der Schule her. Er war ein Jahr älter als ich. Er lieh immer wieder Bücher aus der Bibliothek der Pfarrei aus und animierte mich mitzugehen, um Bücher auszuleihen. Er empfahl mir dann auch ein Indianerbuch mit dem Titel ›Der fliegende Pfeil‹.

Onkel Hannes mit Viehhütejunge Josef

Von da an, ich war damals elf oder zwölf Jahre alt, wurde ich, über viele Jahre, ein regelmäßiger Kunde in der Pfarrbibliothek. Ich las alle Karl May Bücher, alle Abenteuergeschichten, Ben Hur, Quo Vadis und mehr. In der damaligen Zeit gab es noch keine Fernseher. Wir hatten auch kein Radio und Lesen war die einzige Möglichkeit, nach der landwirtschaftlichen Arbeit, abends die Zeit zu verbringen. Meine Tanten und Onkel haben dies sehr gerne gesehen, weil die Bücher ja alle aus der Pfarrbibliothek stammten. Solange ich noch Schulkind war, durfte ich nach den Hausaufgaben nur bis zu einer gewissen Abendzeit lesen, wenn es auch noch so spannend war. Später nach der Schulentlassung konnte ich das weitestgehend selbst bestimmen.

Wenn wir mit dem Fuhrwerk, also zwei Kühen mit dem Ackerwagen, ins Feld fuhren, manchmal eine halbe Stunde und mehr, dann lenkte Onkel Josef die Kühe mit der Leine vom Wagen aus und ich saß hinten auf dem Wagen, um die hintere Bremse zuzudrehen. Dabei habe ich immer gelesen. Die Leute, die uns begegneten, haben sehr erstaunt geguckt, weil das sonst niemand so gemacht hat. Onkel Josef hatte gegen diese Lesepraxis nichts einzuwenden, dank seiner Gutmütigkeit. Wenn man Bücher ausgeliehen hat – immer nur sonntags nach dem Hochamt – war der Pastor dabei und passte auf, dass ein Groschen je Buch bezahlt wurde und dies für längstens vier Wochen. Hatte man das Buch über diesen Zeitraum hinaus, musste Strafe bezahlt werden. Es wurde eine Kartei geführt mit Namen des Ausleihers und dem Buchtitel. So habe ich im Laufe der Jahre eine große Zahl an Büchern gelesen. Mit Beginn des Fernsehzeitalters ging das Lesen ganz merklich zurück.

Unfreiwilliger Verzicht

Zu Hause bei Onkel Josef und seinen Schwestern war jetzt eine andere Atmosphäre, ich merkte sofort, dass die Spannung und Disharmonie, wie es vorher war, nicht mehr vorhanden war. Da Onkel Josef jetzt schon 61 Jahre alt war, schaffte er die landwirtschaftliche Arbeit nicht mehr allein, und ich, als Neunjähriger, konnte ihm nicht helfen. Ein Neffe der Geschwister Teusch, der sieben Jahre älter war als ich, half von jetzt an mit, die Landwirtschaft zu erledigen. Außer ihrem Neffen kamen auch dessen Bruder und Schwestern öfter, um in der Landwirtschaft zu helfen: bei der Heuernte, Getreideernte und im Herbst Kartoffeln und Rüben ausmachen und heimbringen. Der Lohn für die Hilfe in der Landwirtschaft war das Essen und eventuell zu Weihnachten ein kleines Geschenk.

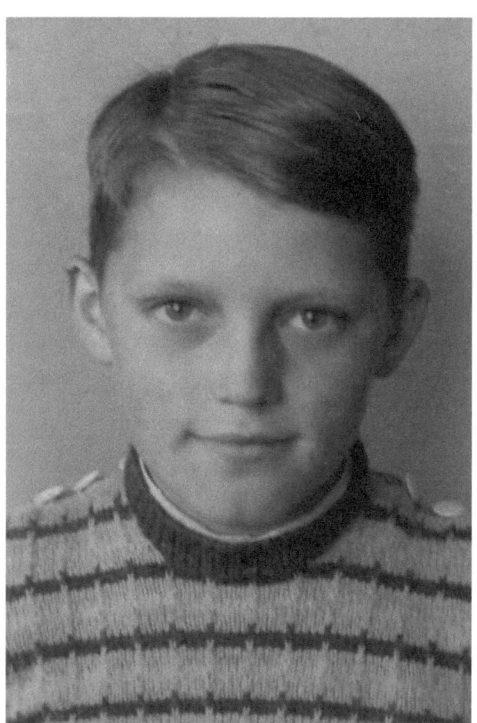

Ich, als Schulkind im Alter von 12 Jahren in Gillenfeld

Eines Tages kam Besuch aus Berus (Saarland) zu uns. Die Familie war weitläufig mit Teuschen und mir verwandt. So ein Besuch blieb immer zwei Tage oder länger. Die Leute aus Berus hatten ein besonderes Geschenk für mich dabei. Es war ein Baukasten, eine ganz andere Art, als die, die ich schon hatte, mit seltsamen Figuren und anderen Teilen zum Zusammenbauen. Als ich das Geschenk bekam, durfte ich nur den Deckel aufmachen und schauen was drin war. Dann nahm Tante Anna den Baukasten an sich und tat ihn in den Wohnzimmerschrank mit der Bemerkung: »Du darfst vorerst damit nicht spielen. Du hast ja noch andere Spielsachen und du musst auch lernen zu verzichten.«

Für mich war das ganz furchtbar und alle paar Tage fragte ich nach: »Wann darf ich endlich damit spielen?« Es hieß dann: »Später irgendwann, aber jetzt noch nicht.« Ich ging immer wieder in das Wohnzimmer, das hieß damals »die gute Stube« und schaute durch das Glasfenster in der Schranktür nach dem Baukasten.

Eines Tages war der Baukasten nicht mehr da. Ich rannte sofort zu Tante Käth, Maja und Onkel Josef und rief: »Der Baukasten ist weg, der Baukasten ist weg, wo ist mein Baukasten?« Sie schauten mich sehr eigenartig an und ich merkte, dass etwas, für mein kindliches Empfinden Schlimmes passiert sein musste. Und so war es dann auch. Mir wurde erzählt, Tante Anna hatte meinen Baukasten einer Familie in Brockscheid geschenkt. Das war eine Familie mit mehreren Kindern, welche erst zu dem Zeitpunkt nach Brockscheid gezogen und sehr bedürftig war.

Ich wurde ermahnt, als Christenmensch müsste ich auch bereit sein, meinem Nächsten abzugeben. Aber ich hatte dafür kein Verständnis und trauerte meinem abgenommenen Geschenk noch lange nach. Ich merkte als Kind ganz deutlich, dass ich ungerecht behandelt worden war, aber ich war machtlos und keiner konnte mir helfen.

Ich habe mir dann vorgenommen, nie im Leben einem Kind, egal ob ein eigenes oder ein fremdes Kind, ein Geschenk abzunehmen. Als ich älter wurde, habe ich Tante Anna die Sache mit dem Baukasten mal vorgehalten und ihr zu verstehen gegeben, dass das ungerecht war. Und zu meiner Genugtuung gab sie dann zu: »Ja, es war nicht recht, was ich getan habe.« Es gibt ja den Spruch: »Auch wenn man alt ist, steckt immer noch ein bisschen Kind im Menschen.« Und dieses Kind in mir möchte heute noch gern wissen, was ich alles mit dem Baukasten hätte bauen können.

Zudem hatten wir auch noch eine Frau (sie hieß Anna), welche vom Frühjahr bis zum Herbst zu bestimmten Zeiten bei allen landwirtschaftlichen Arbeiten mithalf. Ihr Lohn waren sehr wahrscheinlich Naturalien: Kartoffeln, Wurst, Fleisch und natürlich volle Beköstigung: Mittagessen, Nachmittagskaffee, Abendessen. Anna wohnte ganz am anderen Ende des Dorfes und wenn sie dann morgens zu uns kam, zu Fuß, sagten meine Tanten: »Anna, setz dich zu uns an den Tisch und trink mit uns Kaffee.« Anna antwortete dann immer: »Ich habe ja schon gefrühstückt«, aber meine Tanten ließen das nicht gelten und argumentierten: »Du hast den langen Weg von dir bis hier oben auf den Berg hinter dir und hast jetzt wieder Hunger.«
Anna war sehr gut zu mir und für mich war sie wie eine Mutter. Wenn wir dann in die Flur aufs Feld fuhren mit dem Kuhgespann, blieb ich immer bei Anna, denn ich merkte, dass sie mich gern hatte. Sie war wesentlich jünger als meine Tanten und ich stufte sie sofort als eine Ersatzmutter ein.
Wenn sie abends nach Hause ging, fragte ich immer: »Warum schläft Anna nicht bei uns?«, denn ich hatte den großen Wunsch als vier-, fünf- oder auch noch als sechsjähriger mit Anna schlafen zu gehen. Meine Tanten waren über meine Absicht diesbezüglich sehr ablehnend, mit der Begründung: »Anna ist ja nicht mit uns verwandt und deshalb kannst du auch nicht bei Anna schlafen.«
Ich war sehr traurig und wenn Anna mal nicht zu uns kam, fragte ich sofort: »Wann kommt Anna wieder?«

Anna lebte mit Ehemann und Tochter noch bei ihrer Mutter im Haushalt. Sie beklagte sich immer wieder, dass ihre Mutter sehr böse mit ihr umging. Meine Tanten bedrängten sie: »Du musst dich unbedingt wehren und für klare Verhältnisse sorgen oder

ausziehen.« Anna war aber sehr zart und zerbrechlich und konnte sich gegen ihre Mutter nicht behaupten. Die Sache nahm dann
ein schlimmes Ende. Sie wählte später den Freitod.

Ein Kind für den Pastor

Aber die nächste Überraschung ließ nicht lange auf sich warten, es geschah Folgendes: Im Sommer 1952 erhielt Tante Anna
als Caritaskrankenschwester vom Pastor den Auftrag, Famili-
en zu suchen, welche Kinder aus Berlin für sechs Wochen in
ihr Haus (natürlich kostenlos) aufnehmen würden. Sie meldete
das Haus Teuschen als erstes Haus an und ging durch das ganze Dorf mit ihrem Anliegen. Der Erfolg war gewaltig, denn sie,
als die Person, welche jeder im Dorf brauchte bei Krankheit,
und die Empfehlung des Pastors waren absolut überzeugend.
Nur für ein Kind war keine Bleibe zu finden. Aber Tante Anna
war nicht zimperlich, wenn es etwas zum Wohle der Mitmenschen zu regeln gab. Abends beim Abendessen verkündete sie
stolz: »Das letzte Kind bleibt nicht in Berlin zurück, es kommt ins
Pfarrhaus. Das Haus ist groß. Die Pfarrhausköchin kocht ohnehin für den Pastor, da geht auch ein Kind mit durch und es ist
auch die Pflicht des Pastors ein gutes Werk zu tun.« Der Pastor
hat schweren Herzens nachgegeben. In diesen Dingen war Tante
Anna sehr hartnäckig. Im Vorfeld bekam sie eine Liste mit den
Kindern und sie verteilte die Kinder, aufgrund der Liste, schon
vor der Ankunft auf die einzelnen Häuser. In unser Haus wurde ein elfjähriges Mädchen eingeplant.

Das Mädchen hatte auch eine Schwester, welche in der Grup-
pe dabei war, sie war 13 Jahre alt, dieses Mädchen war für das
Pfarrhaus vorgesehen, weil, so das Argument von Tante Anna:
»Das Kind hat schon mehr Verstand und benimmt sich dann
doch ziemlich sicher ein bisschen besser, als eventuell die jüngeren Kinder, daher ist es für das Pfarrhaus bestens geeignet.« Als

sich die Angelegenheit: ›Berliner Kind kommt ins Pfarrhaus‹, im Dorf herumgesprochen hatte, kam plötzlich Tante Eva aus der Nachbarschaft zu uns ins Haus und hatte folgenden Vorschlag: »Wir nehmen das Kind, welches für das Pfarrhaus bestimmt ist, bei uns auf, aber es müsste dann bei euch, also bei seiner Schwester Angelika schlafen, weil wir kein Zimmer mehr frei haben.«

Sie und ihre Familie könnten es nicht verantworten, dass der Pastor mit dem Berliner Kind belastet würde. Tante Eva war sehr religiös und wollte alle Unannehmlichkeiten vom Pastor fernhalten. Nach langem Zögern stimmte Tante Anna zu, denn es passte ihr überhaupt nicht, dass der Pastor wieder von allen Problemen mit den Berliner Kindern befreit war.

Trautchen aus Neroth

Zu dieser Zeit kam über einen Zeitraum von mehreren Jahren eine Hausiererin zweimal im Jahr nach Gillenfeld. Sie kam von Neroth, Kreis Daun, und wir nannten sie »das Nerother Trautchen«. Sie verkaufte Gewürze aller Art. Das Haus Teuschen war ihr Stammplatz. Sie wohnte dann mehrere Tage bei uns. Sie war tagsüber im Dorf und den umliegenden Dörfern zu Fuß unterwegs und verkaufte ihre Waren. Abends kam sie immer zu uns zum Abendessen und sie hatte dann ein Schlafzimmer im ersten Stock zum Übernachten. Nach dem Abendessen saß sie noch eine längere Zeit bei uns in der Küche und erzählte von ihrem Tagesablauf.

Solange ich aufbleiben durfte, hörte ich dann ihre Geschichten mit. Das war wahnsinnig interessant. Ich lernte so das Verhalten der Leute, also ihrer Kundschaft, kennen und war oft, nicht immer angenehm, überrascht. Morgens war sie dann bei uns am Kaffeetisch mit allen zusammen, nicht allein, dies war zu der Zeit so üblich. Sie war ledig und konnte deshalb ihren Verkaufsrhythmus über mehrere Tage verteilen, weil sie keinem

Rechenschaft schuldig war. Wenn sie dann ihre Verkaufstouren beendet hatte, bezahlte sie für Kost und Logis bei Teuschen mit Gewürz. Das Geld, das sie eingenommen hatte, war für ihren Lebensunterhalt. Sie war in diesen wenigen Tagen für uns wie ein Familienmitglied und ich freute mich schon auf ihre nächste Hausierertour.

Heimkehr von Onkel und Tante

Nun wieder zur neuen familiären Situation im Hause Teuschen. Wie schon im Voraus erwähnt, wohnten Tante Käth und mein Pat Onkel Matthias beim Bruder von Matthias, Johann Reinisch, in der Großfamilie seit 1949. Im Juni 1953 verunglückte der Neffe von Onkel Matthias aus dem Hause Reinisch tödlich mit dem Motorrad. Vier Monate später starb die Mutter des verunglückten Sohnes Josef. Nach dieser Zeit war die Atmosphäre im Hause Reinisch sehr gedrückt und schwermütig. Tante Käth und auch Onkel Matthias fühlten sich nicht mehr wohl.

Dann bekam Tante Käth Anfang 1954 eine sehr starke Venenentzündung und musste nach derzeitigen medizinischen Erkenntnissen für längere Zeit Bettruhe in Anspruch nehmen. Da dies im Haus Reinisch nicht so angenehm war, kam sie ins Haus Teuschen, also in ihr Geburtshaus, zu ihren Geschwistern Josef, Maria und Anna zurück. Da ja ihre Schwester Anna erfahrene Krankenpflegerin war, wurde sie bestens menschlich und medizinisch versorgt. Nach längerer Zeit der Bettruhe wurde sie wieder gesund. In dieser Zeit der Krankheit und Bettruhe besuchte sie ihr Ehemann Onkel Matthias öfter. Es war nachweisbar das erste Mal, dass er seit Mai 1949 wieder im Hause Teuschen war. Das Zusammentreffen mit Onkel Josef und Tante Maria war eher locker und problemlos, aber das Zusammentreffen mit Tante Anna war sehr angespannt und gedrückt. Er hat sich aber sehr fair verhalten und keine alten Streitigkeiten aufleben lassen.

Onkel Matthias kam dann nach dem ersten Besuch, der ihm schwergefallen war, noch öfter zu uns, um seine Frau zu besuchen. Im Laufe der Zeit wurde eine neue Strategie entwickelt. Das Ehepaar Tante Käth und Onkel Matthias kam mit den Geschwistern Teusch, vor allen Dingen Tante Anna, überein, dass beide in Zukunft, etwa Anfang 1955, wieder ins Haus Teuschen einziehen würden. Vor allen Dingen Tante Käth war über alle Maßen erfreut, dass sie wieder im Elternhaus, »daheim« wie sie sagte, wohnen könnte. Auch ich fand das wunderbar, ich hatte dann wieder alle fünf Tanten und Onkel, mit denen ich seit dem dritten Lebensjahr zusammen war, in der Teuschen Familie beisammen. So kamen denn die beiden April/Mai 1955 wieder in das Teuschen Haus. Sie brachten zwei Kühe und 12 bis 14 Morgen Acker und Wiesen mit. Dem Bruder von Onkel Matthias war das gar nicht recht. Er hätte die landwirtschaftlichen Grundstücke gerne in seinem Betrieb behalten, vor allen Dingen auch deshalb, weil der Acker und die Wiesen in einem sehr guten und ordentlichen Zustand waren. Dies hat er mir persönlich auch so mitgeteilt. Zudem wusste er schon ganz sicher, dass die landwirtschaftlichen Grundstücke nicht mehr zu ihm und seiner Familie zurückkamen.

Bauer aus Leidenschaft

Ich hatte mich jetzt, im Frühjahr 1955, ein halbes Jahr nach der Schulentlassung, sehr gut in die landwirtschaftliche Arbeit eingewöhnt und freute mich über den Zugewinn an Ackerland. Onkel Matthias setzte einfach voraus, dass seine Äcker und Wiesen weiterhin so gut bewirtschaftet würden wie vorher und natürlich auch die landwirtschaftlichen Felder und Wiesen der Familie Teuschen. Dies war für mich ein sehr großer Anreiz, es auch so, wie von ihm gewünscht, durchzuführen. Onkel Josef gab mir dann Anweisung, wie ich die landwirtschaftlichen Arbeiten zu verrichten hatte. Ich holte mir aber auch noch Rat von anderen, vor allen Dingen von älteren Bauern, bei gewissen Tätigkeiten im Ackerbau.

Ich (3. von links) im Alter von 16 Jahren mit Schwester Gerta (5. von links) und Nachbarn und Verwandten

Die Hauptaufgabe für mich war die Versorgung der Kühe und des anderen Viehs, Jungrinder, Kälber und Schweine. Ich durfte ab sofort dabei sein, wenn eine Kuh kalbte und eine Sau Ferkel auf die Welt brachte. Besonders beim Kuhkalben musste ich oft mithelfen. Bei diesem Anlass wurden immer die Nachbarn links und rechts hinzugerufen, um zu helfen. Diese Hilfe war dann natürlich kostenlos. Als Gegenleistung halfen mein Onkel und ich bei den Nachbarn beim Kuhkalben mit. Bei diesen Anlässen wurde dann immer Schnaps, genannt Branntwein, vom Eigentümer der kalbenden Kuh herumgereicht. Zwei Branntweine waren Pflicht, sonst hätte der Bauer kein Glück mit Kalb und Kuh. So war dieser Anlass dann immer eine willkommene Zusammenkunft von Landwirten mit langen Gesprächen und Erfahrungsaustausch. Ich wurde von den älteren Landwirten voll akzeptiert

Das Teuschen-Haus in Gillenfeld
(rechts im Bild: ich, im Alter von 18 Jahren)

Marion Bischoff

Da, wo du bist …

Historischer Roman

RHEIN
MOSEL
VERLAG

Rhein-Mosel-Verlag
Brandenburg 17
56856 Zell/Mosel
Tel.: 06542/5151

www.rhein-mosel-verlag.de

1. September 1939: Während die deutsche Wehrmacht Polen überfällt, begegnen sich im Westen Deutschlands der einundzwanzigjährige Soldat Walter und die junge Fabrikarbeiterin Elisabeth. Er ist fasziniert von ihrer Ausstrahlung und ihr schmeichelt seine Beharrlichkeit. So oft wie möglich treffen sich die beiden.

Mit dem Einmarsch in Frankreich endet der Sitzkrieg entlang der deutsch-französischen Grenze. Auch Walters Soldatendasein nimmt eine erste entscheidende Wendung. Als Besatzer in Paris geht es ihm bestens und ein Treffen mit Coco Chanel versüßt den Aufenthalt – nicht nur für ihn. Doch dann muss er nach Russland und Erschütterung macht sich breit.

Was bedeutet Warmherzigkeit in den eisigen russischen Weiten? Welche Gedanken treiben ihn während der Gefechte um? Was geschieht in der fernen Heimat mit Elisabeth? Schafft es Walter, sich selbst und seiner Liebe treu zu bleiben?

Marion Bischoff
»Da, wo du bist ...«
Hardcover, Schutzumschlag
290 Seiten
ISBN 978-3-89801-451-9
19,80 €

und bekam wertvolle Anregungen und Tipps, was beim Kuh-kalben zu beachten ist.

Im Schweinestall war die Situation ganz anders. Hier brauchte man keine Nachbarn, man musste nur aufpassen, dass die Mutter-sau keine Ferkel erdrückte oder nach den Ferkeln biss. Bei den Gespannkühen, es waren in der Regel vier Stück, war es absolut notwendig, die Kühe mit Striegel und Kuhbürste sauber zu put-zen. Denn es war unmöglich, mit Kühen rauszufahren, die nicht sauber und nicht in einem guten Pflegezustand waren. Genauso wichtig war der Allgemeinzustand der Kühe. Sie mussten einen guten Körperbau und Ernährungszustand vorweisen. Ganz wich-tig war allerdings, dass die Kühe vor dem Anspannen satt gefüt-tert waren, denn man war ja mehrere Stunden im Feld und die Kühe mussten schwere Zugarbeit leisten. Dies war nur möglich, wenn die Kühe gut satt gefüttert waren.

Ich war im August 1954 aus der Volksschule entlassen worden und verrichtete seitdem mit Onkel Josef alle landwirtschaftli-chen Arbeiten. Der Neffe der Geschwister Teusch kam seit mei-ner Schulentlassung nicht mehr in dem Umfang wie vorher zur Mithilfe in der Landwirtschaft. Bei der Dreschmaschine und Kar-toffeleinsilierung im Herbst und allen anderen Engpässen in der Landwirtschaft war seine Mithilfe erforderlich.

Mein Pat Onkel Matthias war, wie früher, wieder als Zimmer-mann tätig. Er hatte alle Neubauten und Erhaltungsarbeiten in Gillenfeld und auch in den umliegenden Dörfern bezüglich Dach-stuhl zur vollen Zufriedenheit der Kundschaft ausgeführt. Hat-te er mal zufällig einen Tag oder mehrere Tage keine Zimmer-arbeiten zu erledigen, half er in der Landwirtschaft. Dadurch, dass er zwei Kühe mitgebracht hatte, waren wir in der Lage mit zwei Gespannen gleichzeitig zu ackern. Zum Beispiel pflügte einer, der andere fuhr mit der Egge auf dem Feld. Oder mor-gens spannten wir zwei Kühe an und nachmittags zwei andere, sodass die zwei von vormittags ausruhen konnten. Man nannte dies auch doppelte Fuhr. Das war zu der Zeit ziemlich selten im Dorf, die meisten Landwirte ringsum waren nicht in der Lage mit vier Gespannkühen zu fahren.

Hab den Wagen voll geladen

Mit der Zeit, so ganz allmählich, entwickelte sich Onkel Matthias, wenn er in der Landwirtschaft mithalf, wieder zu einem unruhigen, hektischen Menschen. Er stand dann im Sommer morgens schon um fünf Uhr auf und wollte auch sofort anspannen. Onkel Josef konnte das nicht vertragen, er war ja eher ein gemütlicher Mensch und ein Feind jeglicher Hektik. Vor allen Dingen im Sommer zur Heu- und Getreideernte war Onkel Matthias immer nervös. Bezeichnend dafür ist folgende Anekdote: Im Flur Ottendellchen hatten wir eine große Wiese. Sie gehörte Onkel Matthias. Wenn dort Heu gemacht wurde, sagte Tante Maria (Maja): »Wir sind jetzt in der Nervenwiese.«

Beim Heuaufladen wollte Onkel Josef den Wagen nicht so übervoll machen, schnell heimfahren, abladen und wieder zurück den zweiten Teil vom Heu heimholen. Dies war Onkel Matthias gar nicht recht und er packte den Wagen übervoll und keiner konnte ihn davon abhalten. Alle gaben nach, um des Friedens willen.

Eines Tages haben wir in Rott Heu geladen nach seinen Vorgaben. Der Wagen war so voll, dass er an der Retsch (das ist ein steiler Weg nach Hause) umgekippt ist. Jeder, der von Landwirtschaft Ahnung hat, weiß, wie furchtbar schwer es ist, einen umgekippten Wagen Heu wieder aufzuladen. Wir haben dann bis elf Uhr in der Nacht wieder neu aufgeladen. Danach, ich war mittlerweile 16 Jahre, habe ich mit ihm in einer ruhigen Stunde gesprochen und versucht klarzustellen, dass es so nicht weitergehen könne und dass wir in Zukunft unter keinen Umständen

den Heuwagen so übervoll machen würden. Nach langem Hin und Her hat er, ungern, meine Anmerkungen akzeptiert. Denn seine Frau Tante Käth drohte ihm: »Wenn du so weitermachst, läuft der Junge uns noch weg.«

Wenn dann das Heu oder Getreide in der Scheune war, wurde Onkel Matthias wieder ruhiger und gelassener. Er war dann auch meistens wieder mit seinem Handwerk beschäftigt. Eines Tages, es war im Herbst, fuhren Onkel Josef und ich mit den Kühen, also dem Fuhrwerk, so nannte man damals ein Gespann mit Wagen, durch das Dorf. Bei einem Neubau, ich weiß noch heute, welches Haus das war, schaute er nach oben zum Dachstuhl, wo Onkel Matthias arbeitete und er sagte: »Oh je, noch höchstens zwei bis drei Tage, dann ist der Dachstuhl fertig und er ist wieder bei uns im Ackerbau dabei.« Die Situation im Haus war zwar nicht mehr so bedrückend wie früher, vor allen Dingen Tante Anna und Onkel Matthias waren nicht mehr so aggressiv zueinander, aber es war bei Weitem nicht so harmonisch, wie in einer anderen Hausgemeinschaft. Die berufsbedingte Abwesenheit von Onkel Matthias trug doch wesentlich zur Entspannung bei.

Um der Gerechtigkeit zu genügen, möchte ich noch eine Erklärung zu Gunsten von Onkel Matthias anführen. Wenn alles ruhig in der Landwirtschaft war und keine Hektik aufkam, konnte er ganz plötzlich, von einem Moment auf den anderen, überaus gutmütig sein. Manchmal gab er mir ganz spontan Geld und schickte mich zur Metzgerei um einen halben Ringel Fleischwurst und einige Brötchen zu kaufen. Das aßen wir dann gemeinsam und er war der beste Mensch der Welt.

Eines Tages war ich mit der Bittprozession nach Klausen unterwegs und kehrte am Sonntag wieder zurück. An dem Sonntag schaute Onkel Matthias überall im Feld nach, wie das Getreide, die Kartoffeln und die Rüben standen. Er war mit dem Ergebnis sehr zufrieden. Als ich dann am Sonntagnachmittag nach Hause kam, schickte er mich, ohne zu sagen, warum, zum Fahrrad- und Mopedgeschäft Vosen in Gillenfeld. Ich hatte keine Ahnung, was ich dort sollte. Als ich ankam, sagte Herr Vosen: »Dieses Moped gehört dir. Dein Onkel Matthias hat es heute für dich gekauft.« Es war ein nagelneues Moped, das schönste und modernste, das im Laden zu haben war: ein Miele-Moped mit Sachs-Motor und Weißwandreifen. Ich war ganz verlegen und beschämt. Herr Vosen sagte noch: »So einen Pat hätte ich mir auch gewünscht.« Ich fuhr dann nach Hause mit dem Moped und wusste nicht, woran ich war. Ich bedankte mich bei Onkel Matthias und fühlte mich ganz eigenartig wohl und auch nicht wohl. Mein Onkel schickte mich dann ins Dorf zum Kassenrendanten der Raiffeisenbank. Das ging zu der damaligen Zeit auch sonntags. Er übergab mir 750 DM. Das war der Preis für das Moped, und ich brachte das Geld sofort zu Herrn Vosen.

Mit der Schilderung dieser Begebenheiten möchte ich klarstellen, dass Onkel Matthias auch außergewöhnlich liebenswürdig sein konnte. An manchen Tagen diese furchtbare Hektik und der Jähzorn und an anderen Tagen diese außerordentliche Gutmütigkeit. Ich weiß bis heute noch nicht, wie ich das einschätzen soll.

Ein guter Lehrmeister

Ohne, dass ich das wollte, geriet ich dann in eine Situation, in der ich trotz meiner Jugend als eine Art Schiedsrichter fungieren musste. Onkel Josef wurde mit der Zeit bei der landwirtschaftlichen Arbeit immer sehr schnell kraftlos und müde. Er war Ende 60, was zu der Zeit schon ein hohes Alter war. Er hatte den ganzen Ersten Weltkrieg bei der Wehrmacht gedient und diese Jahre zählen doppelt, so wurde immer argumentiert.

Bedingt durch diesen Umstand, wuchs ich sehr schnell in die Materie Landwirtschaft und Viehhaltung hinein. Onkel Josef hatte ja seine Lebenserfahrung in Bezug auf Landwirtschaft und

Viehhaltung und er hatte, ohne es so genau zu wissen, ein außerordentlich gutes Geschick, mir alle seine Kenntnisse sehr ruhig und gelassen weiterzugeben und mich so Stück für Stück anzuleiten. Er war auch nie aufgebracht oder zornig, wenn es auf Anhieb nicht richtig funktionierte. Er sagte dann immer: »Das ist nicht schlimm. Ich fahre jetzt mit dir, mit dem Gespann und dem Pflug, einmal mit rauf und runter und zeige dir, wie man richtig pflügt.« Dann blieb er wieder auf dem Wagen sitzen und schaute mir zu, wie ich allein weiterpflügte. Etwa nach einer Stunde oder ein bisschen länger rief er dann: »So, jetzt musst du die Kühe ruhen lassen, denn es ist an der Zeit, dass die Kühe widerkäuen, das ist nur in Ruhestellung möglich.« Aufgrund dessen hatte ich ja dann auch Pause. Onkel Josef packte die mitgebrachten Butterbrote aus und wir aßen das sogenannte zweite Frühstück. Er erzählte dann von der Landwirtschaft, von früheren Zeiten, auch gelegentlich vom Krieg.

Nach einer Weile habe ich dann weitergepflügt, er drängte nie. Mittags wurden die Kühe wieder an den Wagen gespannt und es ging mit eiligen Schritten heimwärts. Es war allgemein so, dass auf dem Nachhauseweg, ob mittags oder abends, die Kühe von sich aus viel schneller gingen als auf dem Hinweg.

Durch diese ruhige und besonnene Art von Onkel Josef lernte ich die landwirtschaftlichen Arbeiten von einer sehr angeneh-

Ich, im Alter von 18 Jahren.

65

men Seite kennen und ich war sehr zufrieden und froh. Hinzu kam auch noch der Umstand, dass Onkel Josef und auch die ganze Familie mich lobten und immer wieder betonten wie gut ich mich in die Landwirtschaft einfügen würde. Selbst Onkel Matthias sah das so.

Der gutmütige Clown

Noch eine kleine Begebenheit aus dieser Zeit möchte ich erwähnen. Um das Jahr 1955 war in Daun ein größerer Zirkus auf dem Marktplatz. Zu dritt, zwei Schulkollegen und ich, fuhren wir am späteren Nachmittag mit dem Zug zur Abendveranstaltung nach Daun. Nach Ende des Zirkusprogramms gingen wir wieder zum Bahnhof Daun, um heimzufahren. Aber was wir nicht bedacht hatten: Um diese späte Abendstunde fuhr kein Zug mehr nach Gillenfeld. Es blieb uns nichts anderes übrig, als wieder zurück zum Marktplatz Daun zu gehen. Wir betraten das Hotel Schramm, setzten uns an einen Tisch und bestellten jeder eine Flasche Coca-Cola. Der Kellner schaute uns schon ein bisschen seltsam an, ging zur Theke, sprach mit anderen Kollegen, schaute immer zu uns rüber und es war deutlich zu spüren, dass man über uns sprach. Was wir nicht wussten, das Hotel Schramm in Daun war zu damaliger Zeit das erste Haus der Gastronomie in Daun.

Nach angemessener Zeit kam er wieder an unseren Tisch und fragte uns, wie lange wir dort bleiben wollten. Wir erklärten dann unser Missgeschick »Zirkusbesuch, kein Zug mehr nach Gillenfeld« und erklärten ihm, dass wir im Hotel Schramm bleiben wollten, bis zum frühen Morgen, wenn der erste Zug fährt. Er war sehr erschrocken und meinte, dass dies nicht ginge, weil wir aufgrund unseres jugendlichen Alters nicht länger als elf oder zwölf Uhr bleiben dürften. »Dann warten wir eben im Bahnhof«, antworteten wir. Das fand er aber gar nicht gut und wir sahen, dass er wieder mit allerhand Leuten diskutierte und immer wieder zu uns rüberschaute. Es war ganz offensichtlich, dass er mehr Sorgen wegen uns hatte, als wir selber.

Nach einer Weile kam er dann wieder zu uns und teilte uns mit: »Ihr werdet jetzt mit dem ›Taxi Schlömer Daun‹ nach Gillenfeld gefahren.« Unser Einwand, dass wir das nicht bezahlen könnten und wir ja auch eine Fahrkarte hätten, ließ er nicht gelten. Er wies uns an, nach draußen zu gehen: »Das Taxi wartet und ist schon bezahlt.« Wir fragten: »Wer hat denn das Taxi bezahlt und warum?« Er wies dann auf einen Gast im Lokal und erklärte uns: »Dies ist der Mann, der euer Taxi bezahlt hat.« Es war der Clown des Zirkus, welchen wir besucht hatten. Wir wären dem Clown aufgefallen und er wollte wissen, was mit uns war. Nachdem ihm der Kellner unser Problem erzählt hatte, hat er die Taxifahrt in Auftrag gegeben und bezahlt.

Abschiede

Im Jahre 1956 veränderte sich das Verhalten von Tanta Maja am Anfang kaum bemerkbar aber zunehmend immer deutlicher, in Richtung Altersdemenz. Damals hieß das im Volksmund: »Der Mensch ist verkalkt.« Tanta Maja konnte nur noch unter Aufsicht in der Landwirtschaft mithelfen und man musste aufpassen, dass sie nicht plötzlich weglief. Die Demenzerkrankung schritt sehr schnell fort und Maja wurde immer orientierungsloser und forderte von uns allen viel Geduld und Nachsehen. Ende 1957 wurde sie bettlägerig und zum akuten Pflegefall. Tante Anna, als Krankenpflegerin, und Tante Käth versorgten Maja und pflegten sie ganz hervorragend bis zu ihrem Tode im Mai 1958. Vier Wochen später, Ende Juni 1958, starb meine Mutter in Strohn mit 56 Jahren nach längerer Krankheit. Für mich als 17-Jähriger war dies ein einschneidendes Ereignis.

So habe ich mich im Laufe der Jahre immer mehr in die Landwirtschaft und Viehhaltung eingelebt und wenn es dann im Feld und im Stall Erfolg gab (gute Ernte, schönes Vieh), so wurde ich gelobt. Auch andere Landwirte, vor allen Dingen ältere, haben mir zu verstehen gegeben, dass ich die Landwirtschaft gut bewältigen würde. Im Herbst 1960 kaufte Onkel Matthias, mein Pat, plötzlich einen neuen Schlepper. Im Gegensatz zu meinen Alterskollegen habe ich mich darüber nicht gefreut. Mit dem Kuhgespann war ich vertraut und wäre auch damit noch einige Jahre weitergefahren. Keiner der Landwirte in meiner Altersgruppe konnte dies verstehen. Alle wollten, wenn möglich, einen Schlepper und Geräte.

Kurze Zeit nach dem Schlepperkauf hatte Onkel Matthias einen Fahrradunfall. Der rechte Arm war ausgekugelt. Im Krankenhaus wurde das wieder in Ordnung gebracht, aber von dem Tag an veränderte er sich auf eine seltsame Art und Weise. Er konnte mit dem rechten Arm seit dem Unfall nicht mehr so arbeiten wie früher. Da er ja bis zu diesem Zeitpunkt (67 Jahre) noch keinerlei Beschwerden hatte und körperlich und geistig noch sehr gut in Form war, bedrückte ihn dieser Umstand, nicht mehr richtig arbeiten zu können, ganz ungewöhnlich stark.

Er fühlte sich nicht mehr vollwertig und alles Zureden, dass dies auch altersbedingt wäre, ließ er nicht gelten. Und er geriet mehr und mehr in eine starke Depression. Er hatte dann auch immer öfter sehr aggressive Phasen und war immer erst mit sehr viel Reden und Geduld wieder zu beruhigen. Das nahm dann solche Ausmaße an, dass er den Vorschlag des Hausarztes annahm und für lange Zeit eine stationäre psychiatrische Behandlung annahm.

Dieser stationäre Aufenthalt dauerte von Anfang März 1961 bis September 1961. Ich besuchte ihn ein paarmal, es war sehr schlimm. Als er dann wieder zu Hause war, hatte sich sein Zustand nicht gebessert, eher in eine andere Art von Gemütskrankheit verändert. Es war sehr schwierig, mit ihm umzugehen und einigermaßen Ruhe in sein Leben zu bringen. Mehr und mehr wurde ich sein Ansprechpartner und wenn ich dann vom

Feld nach Hause kam, kam er sofort aus dem Haus nach draußen mit den Worten: »Wo bleibst du so lange, ich halt es nicht mehr aus.« Wenn ich dann im Stall und im Hof zu tun hatte, war er immer bei mir und blieb dann auch ruhig. Aber arbeiten konnte er nichts mehr, obwohl er körperlich in einer guten Verfassung war.

Ein Ereignis, welches schon sehr gravierend und außergewöhnlich war, muss ich noch berichten. Eines Tages, so etwa 1962, hatten wir im Hof vor dem Haus einen Wasserleitungsrohrbruch. Ein junger Mann aus dem Dorf half mir, den Hof aufzugraben bis zur defekten Wasserleitung. Da kam Onkel Josef zu uns und wollte wissen, was los wäre. Wir erklärten ihm den Wasserrohrbruch. Dann ging Onkel Josef zum Nachbar Nik Weber in dessen Hof. Onkel Matthias hatte so lange an der Haustür gestanden. Als Onkel Josef wegging, kam Onkel Matthias zu uns. Er schaute Onkel Josef nach, wie dieser in den Nachbarhof ging und sagte zu uns beiden: »Hätten wir den gut im Jahrgebet.« Das heißt übersetzt, wäre er gut tot.

Diesen furchtbaren Satz hätte er als gesunder Mensch nie gesagt. Als Onkel Matthias dann weg war, sagte der junge Mann, welcher mir geholfen hat: »Wie furchtbar, wie furchtbar, wie schrecklich. Hier könnte ich nicht leben, nicht für alles auf der Welt.« Ich nahm das eher gelassen hin, weil ich ja wusste, dass das mit der Krankheit von Onkel Matthias zu tun hatte. Er hat nichts mehr gearbeitet, obwohl er noch in der Lage gewesen wäre, beim Füttern zu helfen. Der seelische Zustand blockierte den Körper, was mir unerklärlich war, aber ich nahm das einfach so hin und machte ihm keine Vorwürfe.

Im Laufe der Zeit wechselten sich Klinikaufenthalte für längere Zeit mit Aufenthalten wieder zu Hause ab. Nach seiner letzten stationären Behandlung im Januar 1964 bekam er für zu Hause ein sehr seltenes Medikament verordnet. Es war eine Ampulle. Er nahm das sehr ungern. Er verweigerte von da an fast jede Nahrungsaufnahme und magerte stark ab. Sein Hausarzt war bei den

Hausbesuchen auch ratlos und schüttelte den Kopf. Es gab keine Erklärung für sein Verhalten in Bezug auf Essen und Trinken.

Er starb Anfang März 1964. Sein Bruder, der oft zu Besuch kam, war der Meinung, dass dieses Medikament ihm den Appetit genommen hätte und er dann praktisch verhungert wäre. Unbedingt erwähnen möchte ich noch, dass er, abgesehen von seiner Depression, bis zum letzten Moment ganz klar im Kopf war, keineswegs dement oder verkalkt. Die Dorfleute meinten immer, er wäre dement. Wenn ich das dann anders erklärte, war es für die Menschen im Dorf nicht zu verstehen.

Bei aller Hektik und Nervosität im Alltag hatte er aber ein großes Herz für seine Mitmenschen. Bezeichnend dafür ist folgende Geschichte:

Als mein Pate Onkel Matthias gestorben war, sprach mich eine Frau aus dem Dorf an und fragte, wann die Beerdigung wäre. Ich war sehr erstaunt und sagte zu ihr: »Sie wohnen ja am anderen Ende des Dorfes und nicht in der Nachbarschaft und sind auch nicht mit ihm verwandt und wollen trotzdem zu seinem Begräbnis kommen. Warum?«

Da erzählte sie mir: »Meine Familie und ich sind Heimatvertriebene aus dem Osten. Als wir nach Gillenfeld kamen, wohnten wir am Anfang kurzzeitig in verschiedenen Wohnungen. Dann wurde uns ein Grundstück am Ende des Dorfes zugewiesen, um dort eine Baracke aufzustellen. Das Baumaterial, also die Baracke, wurde uns dorthin geliefert. Aber ich konnte ja als Frau keine Baracke aufstellen und mein Mann kam beinamputiert aus dem Krieg zurück. Die Nachbarn rieten mir: ›Geh mal ins Oberdorf zu dem Zimmermann Matthias Reinisch, der hilft dir bestimmt.‹

Ich ging zu ihm und trug mein Anliegen vor. Ohne auch nur eine Sekunde zu überlegen, sagte er zu: ›Ich stelle euch die Baracke auf.‹

Als er mit dem Aufbauen fertig war, fragte ich ihn, wieviel Lohn er bekäme. Er schüttelte den Kopf und sagte: ›Ich bekomme nichts. Wir haben unser Heim behalten und ihr habt euer Haus und eure Heimat verloren, ich habe euch von Herzen gerne geholfen.‹

In dem Moment musste ich vor Freude weinen. Aus diesem Grund möchte ich zu seiner Beerdigung kommen.«

Als junger Mensch dachte ich immer, wenn die zwei Onkel und drei Tanten mal sterben, bleibt die Welt stehen. Es war für mich unvorstellbar, dass alle fünf zu irgendeinem Zeitpunkt nicht mehr da wären. Aber jetzt nach dem zweiten Sterbefall sah ich das doch nicht mehr so dramatisch.

Onkel Josef war zu dieser Zeit auch schon ein Pflegefall und bettlägerig. Er wurde von seinen Schwestern Tante Anna und Tante Käth sehr liebevoll gepflegt. Aber ich musste schon mal

Tante Anna

71

mithelfen. Onkel Josef war aber jetzt auch, mehr oder weniger zunehmend, dement. Er ertrug sein Schicksal mit einer bewundernswerten Geduld, so wie er auch im Leben war. Er starb im Juni 1965. Da ich immer sehr viel mit ihm zusammengearbeitet habe und abends die meiste Zeit bei ihm war und er immer sehr gut zu mir war, ging mir sein Tod sehr nahe.

Jetzt lebten noch Tante Käth und Tante Anna. Tante Käth wurde auch ein Pflegefall und war etwa zwei Jahre bettlägerig. Tante Anna als Krankenpflegerin hat Tante Käth mit Hilfe ihrer Nachfolgerin Maria Schmitz und anderen aus der Verwandtschaft bis zur ihrem Tod gepflegt. Sie starb im April 1975. Tante Anna starb im Februar 1978 ganz plötzlich. Sie war nur ein bis zwei Tage krank und wurde kein Pflegefall.

In diesem Zusammenhang muss ich noch unbedingt über einen Wunsch von Tante Anna berichten: Tante Anna hat zu der Zeit, als alle fünf noch lebten, den Wunsch geäußert, der Herrgott sollte sie als Letzte sterben lassen, damit sie vorher noch ihre Geschwister und Schwager, wenn dieselben dann zu Pflegefällen würden, pflegen könnte. Und danach wollte sie dann sterben, aber kein Pflegefall werden. Und diesen Wunsch hat ihr der Herrgott also auch erfüllt. Oder war es Zufall? Man kann darüber denken was man will, aber es ist doch eigenartig.

Nachtrag:
Der Tod meines Bruders »Aloys«

Zum Tod meines Bruder Aloys Mohr muss ich im nachhinein etwas gravierendes korrigieren:

Nachdem das Buch »Das verschenkte Kind« im Umlauf war, habe ich von mehreren Lesern, »ältere Leute«, eine ganz andere Information über den plötzlichen Tod meines Bruders mitgeteilt bekommen.

Es wurde mir berichtet, dass Aloys nicht an Wundstarrkrampf gestorben wäre, sondern anlässlich einer Prügelstrafe, durch einen Sturz oder durch einen anderen Umstand so verletzt worden war, dass Gehirnbluten auftrat, was dann zum Tode geführt hat.

Anfangs war ich sehr skeptisch und wollte dies auch nicht so glauben. Aber nach längerem Nachdenken über meine Kindheit wurden meine Zweifel am Wundstarrkrampftod meines Bruders immer stärker und zwar durch folgende Kindheitserlebnisse:

Im Alter von 12 Jahren bin ich von einem Pflaumenbaum herunter geruscht und habe mir am rechten Knie eine große klaffende Wunde durch einen abgebrochenen Ast zugezogen.

Tante Anna, als erfahrene Dorfkrankenschwester, hätte sofort erkennen müssen, dass die Wundstarrkrampfgefahr hier sehr aktuell war, vor allen Dingen, da ja mein Bruder Aloys neun Jahre zuvor, angeblich, an Wundstarrkrampf gestorben war.

Ich weiß noch ganz genau, dass ich zu keinem Arzt gebracht wurde; auch nicht zum Nähen der Wunde. Es gab auch keine Tetanusspritze gegen Wundstarrkrampf.

Die Wunde wurde mit Jod behandelt und eingewickelt. Drei Tage musste ich liegen und konnte nicht zur Schule gehen.

Der zweite Grund, der mich am Wundstarrkrampftod meines Bruders zweifeln lässt, ist die Tatsache, dass ich keine Prügel bekam, so wie es in anderen Familien üblich war.

Es kann nur so gewesen sein, dass sich alle abgesprochen hatten: »Dieser Junge bekommt keine Prügel, damit sich das wie bei Aloys nicht wiederholen sollte.«

Wenn ich diese zwei Umstände zusammen betrachte, komme ich zu dem Schluss, dass der Tod meines Bruders nicht durch Wundstarrkrampf verursacht wurde.

Nachwort

Seit Jahrhunderten hatte sich ein Brauch oder eine besondere Regelung eingebürgert, meist nur in Regionen, wo die Landwirtschaft oder der Weinbau dominierten. Hatte ein Ehepaar keine Kinder, so schaute man sich um, ob ein Bruder oder eine Schwester oder auch jemand in der erweiterten Verwandtschaft (Cousinen oder Vettern) eine große Zahl an Kindern hatte. Da dies ja sehr häufig der Fall war, fünf, sechs und mehr Kinder waren keine Seltenheit, wurde das kinderlose Ehepaar vorstellig und stellte den Antrag, ein Kind zu bekommen, damit der Hof oder der Weinbaubetrieb weiterging. Diesem Wunsch wurde oft nachgegeben, denn das Kind war dann in der Regel für sein ganzes Leben versorgt. Dieser Umstand spielte eine große Rolle.

Das Alter des dann zu verschenkenden Kindes war unterschiedlich: Mal wurde ein Kleinkind, also ein Säugling, in einem anderen Fall ein einjähriges, zweijähriges oder auch schon schulpflichtiges Kind hergegeben. Die Kinder wurden ohne amtliche Begleitung und Jugendamt in die neue Familie gebracht. Eine Adoption wurde sehr selten durchgeführt. Das Kind war rechtlich immer noch die Tochter oder der Sohn der Eltern, die es übergeben hatten.

Das Kind in der neuen Familie hat dann später den Betrieb von dem kinderlosen Ehepaar geerbt oder schon in seltenen Fällen vorher übereignet bekommen. Es brauchte dann keine Geschwister auszuzahlen und stand sich wirtschaftlich besser als seine Geschwister daheim. Nicht immer haben die verschenkten Kinder einen guten Kontakt zu den Pflegeeltern aufgebaut. Heimweh nach Eltern und Geschwistern war fast immer vorhanden. Die Seele des Kindes spielte bei dem Verfahren keine Rolle. Weder der Staat noch die Kirche haben diese Praxis missbilligt oder kritisch hinterfragt. Die Kinder selbst waren ja macht- und rechtlos. Kinder hatten keine Lobby.

Nach Ende des Zweiten Weltkrieges und mit Beginn des wirtschaftlichen Aufschwungs der Bundesrepublik kam auch das Ende dieser eigenartigen Praxis.

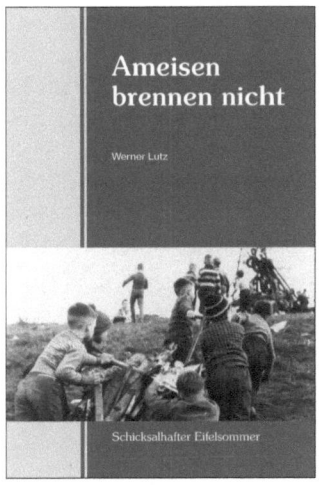

Georg muss, wie seine fünf Geschwister, in der elterlichen Bäckerei mithelfen und erlebt in der Familie eine heile und behütete Welt. Diese zerbricht, als er zusammen mit seinen Freunden, zu denen das Ferienkind Regina und der behinderte Arthur gehören, in einem Ameisenhaufen eine Leiche entdeckt. Ehe die Polizei ihre Ermittlungen aufnehmen kann, wird nachts der Ameisenhaufen in Brand gesetzt. Das ganze Dorf erschrickt, denn alle ahnen, dass der Mörder unter ihnen ist.

ISBN 978-3-89801-084-9 • 326 Seiten • Broschur • 12,00 EUR

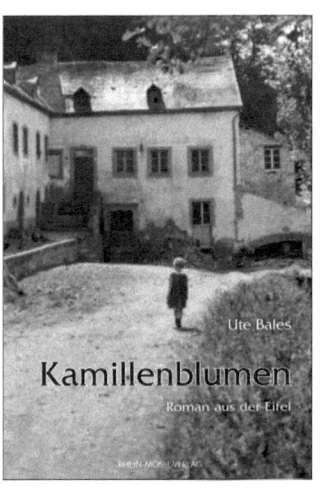

Im Frühjahr 1901 werden Traud und ihre Mutter obdachlos. Sie sehen keinen anderen Ausweg, als sich auf den Höfen der Eifeldörfer als Wanderarbeiterinnen zu verdingen. Durch zusätzliches Hausieren mit Kamille sichern sie sich eine kärgliche Existenz. Als die Mutter stirbt, zieht Traud allein weiter. Der Roman beschreibt die endlose Wanderung der Traud durch die Eifel – vor, während und nach den beiden Weltkriegen, gekennzeichnet von Hunger, Elend und Ausgrenzung, aber auch von Schönheit, Würde und Größe und von einer ungewöhnlichen Liebe zu Paul.

ISBN 978-3-89801-215-7 • 288 Seiten • Broschur • 12,00 EUR